中国特色现代化战略交汇

Zhongguo Tese Xiandaihua Zhanlüe Jiaohui

陈江波　著

中国社会科学出版社

图书在版编目（CIP）数据

中国特色现代化战略交汇：黑龙江省全面建成小康社会新时代探索研究/陈江波著.—北京：中国社会科学出版社，2018.8
　ISBN 978 -7 -5203 -2788 -6

　Ⅰ.①中… Ⅱ.①陈… Ⅲ.①小康建设—研究—黑龙江省 Ⅳ.①F127.35

中国版本图书馆 CIP 数据核字（2018）第 151610 号

出 版 人	赵剑英
责任编辑	杨晓芳
责任校对	张彦彬
责任印制	王　超

出　　版	中国社会科学出版社
社　　址	北京鼓楼西大街甲 158 号
邮　　编	100720
网　　址	http://www.csspw.cn
发 行 部	010 -84083685
门 市 部	010 -84029450
经　　销	新华书店及其他书店
印　　刷	北京明恒达印务有限公司
装　　订	廊坊市广阳区广增装订厂
版　　次	2018 年 8 月第 1 版
印　　次	2018 年 8 月第 1 次印刷
开　　本	710×1000　1/16
印　　张	13.5
字　　数	192 千字
定　　价	58.00 元

凡购买中国社会科学出版社图书，如有质量问题请与本社营销中心联系调换
电话：010 -84083683
版权所有　侵权必究

序　言

中国共产党第十九次全国代表大会报告高屋建瓴地指出，中国特色社会主义进入了"决胜全面建成小康社会、进而全面建设社会主义现代化强国"的新时代，"两个一百年"奋斗目标的历史交汇期是中国特色社会主义发展"新的历史方位"。纵观中国百年现代化发展战略，从"两步走"战略到"三步走"战略，再到"新三步走"战略，从"全面建成小康社会"到"实现中华民族伟大复兴的中国梦"，五代领导人薪火相传，带领全国人民坚定地向着"富强、民主、文明、和谐、美丽"的社会主义现代化目标迈进。全面建成小康社会是中国特色社会主义现代化建设承上启下的关键历史时期，对于开启全面建设社会主义现代化国家的新征程具有重要的阶段性历史意义。

"全面建成小康社会"发展目标，是要建成惠及十几亿人口，高水平、均衡、全面发展的小康，深刻体现了马克思主义立足于人民立场的社会主义发展观。马克思、恩格斯的"公平正义"价值观是"一个都不能少"，人人平等享有小康生活的理论基础，实现人的自由而全面发展的共产主义远大理想是全面建成小康社会的未来发展方向。毛泽东全心全意为人民服务、防止两极分化的思想，邓小平"消灭剥削、消除两极分化，最终达到共同富裕"的社会主义本质论，习近平"以人民为中心"的新时代中国特色社会主义思想，都着眼于为全体人民谋幸福，为全面建成小康社会提供了坚实的理论支撑。

中国特色社会主义制度的先进性是现代化建设的持续动力。中国特色社会主义政治道路是党的领导、人民当家做主、依法治国有机统一。公有制与非公有制协同发展是驱动经济持续高速增长的制度优势。中国共产党的领导是中国特色社会主义最本质特征和最大制度优势，能够整合不同社会阶层"最大公约数"的共同利益，统一国家长远利益、社会整体利益与个人权利利益，并通过政治经济制度的高效运行实现"为了人民"的目的与"依靠人民"的动力归一的真正意义上的民主。中国共产党"以党领政"是新时代全面建成社会主义现代化国家的根本保证。

黑龙江省作为我国农业大省、资源型经济大省、传统老工业基地，经济社会发展始终居于全国较低水平。"三农"问题突出，民生建设滞后；传统产业衰退，产业结构失调；资源型经济发展模式不可持续，生态环境制约严重，全面建成小康社会短板众多、举步维艰。黑龙江省委、省政府带领全省人民迎难而上、攻坚克难，以现代服务业为突破口，加快建设农业现代化金融和物流服务体系，创新旅游和文化产业发展模式，不断完善健康养老服务业建设，大踏步迈向全面建成小康社会，"奋力走出黑龙江全面振兴发展的新路子"。

目　　录

第一章　伫立在"两个百年"历史交汇期 ……………………（1）
　第一节　从"小康之家"到"小康社会" ………………………（2）
　第二节　全面建设小康社会战略目标应运而生 ………………（5）
　第三节　建成现代化强国的新征程 ……………………………（11）
　第四节　新时代历史站位 ………………………………………（18）

第二章　全面建设社会主义现代化强国的战略蓝图 …………（23）
　第一节　全面建成社会主义现代化强国的内涵 ………………（24）
　第二节　全面建成社会主义现代化强国的发展理念 …………（27）
　第三节　全面建成社会主义现代化强国的制度支撑 …………（34）
　第四节　全面建成社会主义现代化强国的发展路径 …………（38）
　第五节　全面建成社会主义现代化强国的理论与实践意义 …（46）

第三章　社会主义现代化蕴含的"以民为本"思想 ……………（51）
　第一节　人民与"以民为本" ……………………………………（52）
　第二节　马克思恩格斯的无产阶级革命理论 …………………（54）
　第三节　马克思主义中国化以民为本的革命与建设实践 ……（56）
　第四节　习近平"以人民为中心"思想指导的全面
　　　　　小康实践 ……………………………………………（62）

第四章　社会主义现代化蕴含的"公平正义"思想 ……… (70)

第一节　马克思公平正义观与共产主义理想 ……… (71)

第二节　毛泽东坚定的公平正义思想 ……………… (79)

第三节　邓小平的"共同富裕"论 …………………… (89)

第四节　习近平全面建成小康社会的公平正义实践 … (103)

第五章　黑龙江省全面建成小康社会的现实基础 ……… (112)

第一节　黑龙江省经济发展概况 …………………… (112)

第二节　黑龙江省全面建成小康社会扬帆起航 …… (120)

第三节　黑龙江省从"总体小康"到"全面小康"
的建设基础 …………………………………… (129)

第四节　黑龙江省全面建成小康社会发展目标与
重点领域 ……………………………………… (135)

第五节　黑龙江省全面建成小康社会的薄弱环节 … (142)

第六章　黑龙江省全面建成小康社会路在何方 ………… (157)

第一节　黑龙江省农业发展对策 …………………… (161)

第二节　黑龙江省产业结构调整对策 ……………… (171)

第三节　黑龙江省生态保护发展对策 ……………… (179)

第七章　现代服务业是黑龙江省开启全面建成小康
社会的金钥匙 ……………………………………… (184)

第一节　黑龙江省现代服务业发展现状 …………… (184)

第二节　大力发展旅游业 …………………………… (191)

第三节　创新发展农业金融服务 …………………… (197)

第四节　完善养老服务业 …………………………… (206)

第一章

伫立在"两个百年"历史交汇期

古老的中华民族，从积贫积弱的半殖民地半封建社会走来，步履蹒跚。1921年7月在浙江嘉兴南湖的一艘红船上，伟大的中国共产党悄然诞生。1949年10月1日，中国共产党庄严地向全世界宣布"中华人民共和国成立了！"中国从一片战后的废墟中顽强地站了起来！经过半个世纪的奋斗，在21世纪之初，中国已经由"一穷二白"的基础起步，取得了人民生活总体达到小康水平的重大成就。展望未来，我们要在2020年，中国共产党建党一百年时，实现全面建成小康社会目标；到2050年，中华人民共和国成立一百年时，实现建成社会主义现代化强国的战略目标。从2017年到2022年，从党的十九大到党的二十大，是"两个一百年"奋斗目标的历史交汇期，既要全面建成小康社会、实现第一个百年奋斗目标，又要乘势而上开启全面建设社会主义现代化国家新征程，向第二个百年奋斗目标进军。伫立在"两个百年"历史交汇期，需要我们认真思考：我们从哪里来？要到哪里去？路要怎样走？

第一节　从"小康之家"到"小康社会"

富足、安康的幸福生活是古今中外人民共同向往的理想生活。早在《诗经·大雅·民劳》中就有"民亦劳止，汔可小康"的句子，描绘了一幅令人向往的安宁、足乐的小康生活美景。《礼记·礼运》中写有"今大道既隐，天下为家，各亲其亲，各子其子，货力为己，大人世及以为礼，城郭沟池以为固，礼仪以为纪。以正君臣，以笃父子，以睦兄弟，以和夫妇，以设制度，以立田里，以贤勇知，以功为己。故谋用是作，而兵由此起。禹、汤、文、武、成王、周公，由此其选也。此六君子者，未有不谨于礼者也。以着其义，以考其信，着有过，刑仁讲让，示民有常，如有不由此者，在埶者去，众以为殃。是谓小康"。向世人展现了一幅社会生活稳定、丰衣足食、国泰民安、社会和谐安定的"天下为公为大同，天下为家为小康"的美好社会愿景。小康是指介于温饱和富裕之间的一种比较殷实的生活状态，也是社会主义经济发展在特定时期所要达到的目标。而"全面"建成小康社会已经由经济概念的"小康"扩展到了社会范畴，由原指人民生活达到的经济水平，扩展到人民享有民主政治权力、高质量的文化生活、和谐的社会生活、优良的生态环境等方面。从邓小平关于"小康之家"概念的提出，到"小康社会"战略目标的设定，从"总体小康"的实现，到"全面建成小康社会"战略目标的明晰，不同历史时期，我国小康社会建设目标也体现出与时俱进的动态发展特征。

经过十年"文化大革命"，党和国家的政治、经济、文化事业遭受了严重挫折。1977年8月，党的第十一次全国代表大会正式宣告"文化大革命"的结束，重申了建设社会主义现代化强国的任务。1978年12月，党的十一届三中全会重新确立了马克思主义的思想路线、政治路线和组织路线，并开启了改革开放的新征程。1981年6月，党的十一届六中全会通过的《关于建国以来党的若干历史问题的决议》，标志着党胜利地完成了指导思想上的拨乱反正。

改革开放伊始，国家领导人通过学习发达国家和新兴发展中国家的现代化建设经验，开始思考和探索中国现代化发展的具体道路。1979年12月6日，邓小平同志会见日本首相大平正芳时用"小康"描述了我国现代化建设的内涵，他说："我们要实现四个现代化，是中国式的四个现代化。我们的四个现代化的概念，不是像你们那样的现代化的概念，而是小康之家。到21世纪末，中国的四个现代化即使达到了某种目标，我们的国民生产总值人均水平也还是很低的。要达到第三世界中比较富裕一点的国家的水平，比如国民生产总值人均一千美元，也还得付出很大的努力。就算达到那样的水平，同西方来比，也还是落后的。所以，我只能说，中国到那时也还是一个小康的状态。"这就是邓小平同志描绘的中国式"小康状态"的现代化。

1982年9月，中国共产党第十二次代表大会胜利召开。党的十二大《全面开创社会主义现代化建设的新局面》的报告中明确提出，"从1981年到20世纪末的20年，我国经济建设总的奋斗目标是，在不断提高经济效益的前提下，力争使全国工农业的年总产值翻两番，即由1980年的七千一百亿元增加到2000年的二万八千亿元左右。实现了这个目标，我国国民收入总额和主要工农业产品的产量将居于世界前列，整个国民经济的现代化过程将取得重大进展，城乡人民的收入将成倍增长，人民的物质文化生活可以达到小康水平。到那个时候，我国按人口平均的国民收入还比较低，但同现在相比，经济实力和国防实力将大为增强"。这是我国第一次将"小康水平"作为经济社会发展的阶段性奋斗目标和人民生活水平的衡量标志。

直至1986年，邓小平同志进一步指出"所谓小康社会，就是虽不富裕，但日子好过"。并把建设小康社会作为中国共产党的阶段性奋斗目标。邓小平同志清醒地认识到，基于我国当时的经济发展基础，很难在短时期内达到发达国家的现代化建设水平，所设定的"小康"式现代化发展阶段性目标，符合中国的国情，符合东西方发展差距的现实，体现了我国领导人务实的经济社会发展理念。

1987年8月29日，邓小平同志会见意大利共产党领导人时，初步将"小康"社会发展目标进一步分解为"三步走"发展战略。指出我国经济发展要分三步走，20世纪走两步，达到温饱和小康，21世纪用30年到50年时间再走一步，达到中等发达国家水平。1987年10月，党的十三大《沿着有中国特色的社会主义道路前进》报告中，明确将"三步走"战略表述为："党的十一届三中全会以后，我国经济建设的战略部署大体分三步走。第一步，实现国民生产总值比1980年翻一番，解决人民的温饱问题，这个任务已经基本实现。第二步，到20世纪末，使国民生产总值再增长一倍，人民生活达到小康水平。第三步，到21世纪中叶，人均国民生产总值达到中等发达国家水平，人民生活比较富裕，基本实现现代化。然后，在这个基础上继续前进。"

1990年，党的十三届七中全会更加细致地阐述小康社会的具体设想，人民生活从温饱到小康，生活资料更加丰裕，消费结构趋于合理，居住条件明显改善，文化生活进一步丰富，健康水平继续提高，社会服务设施不断完善。

1997年，江泽民在党的十五大《高举邓小平理论伟大旗帜，把建设有中国特色社会主义事业全面推向二十一世纪》的报告中，根据变化了的经济社会发展实际，提出"我们的目标是，第一个十年实现国民生产总值比2000年翻一番，使人民的小康生活更加宽裕，形成比较完善的社会主义市场经济体制；再经过十年的努力，到建党一百年时，使国民经济更加发展，各项制度更加完善；到21世纪中叶建国一百年时，基本实现现代化，建成富强、民主、文明的社会主义国家"。并且提出了中国特色社会主义"经济、政治、文化协调发展"的"三位一体"建设格局，小康概念内涵不断丰富。

第二节 全面建设小康社会战略目标应运而生

当历史的列车行驶到 2000 年，中国共产党带领全国人民勠力同心、奋发图强，如期实现了"总体小康"的阶段性建设目标。但是由于侧重追求经济总量的高速发展，在 GDP 增长的同时，也积累了经济发展结构不平衡、增长方式粗放、经济持续发展驱动力不足等问题。2002 年 11 月党的十六大《全面建设小康社会，开创中国特色社会主义事业新局面》的报告中明确指出，"经过全党和全国各族人民的共同努力，我们胜利实现了现代化建设'三步走'战略的第一步、第二步目标，人民生活总体上达到小康水平。这是社会主义制度的伟大胜利，是中华民族发展史上一个新的里程碑"。但与此同时，我们也必须看到，我国正处于并将长期处于社会主义初级阶段，现在达到的小康还是低水平的、不全面的、发展很不平衡的小康，人民日益增长的物质文化需要同落后的社会生产之间的矛盾仍然是我国社会的主要矛盾。我国生产力和科技、教育还比较落后，实现工业化和现代化还有很长的路要走；城乡二元经济结构还没有改变，地区差距扩大的趋势尚未扭转，贫困人口还为数不少；人口总量继续增加，老龄人口比重上升，就业和社会保障压力增大；生态环境、自然资源和经济社会发展的矛盾日益突出；我们仍然面临发达国家在经济、科技等方面占优势的压力；经济体制和其他方面的管理体制还不完善；民主法制建设和思想道德建设等方面还存在一些不容忽视的问题。巩固和提高目前达到的小康水平，还需要进行长时期的艰苦奋斗。为此，党站在"总体小康"的历史新起点上，提出了新的发展目标，要在 21 世纪头 20 年，集中力量，全面建设惠及十几亿人口的更高水平的小康社会。更高水平的小康社会，就是在经济发展结构优化、效益提高的基础上，实现国内生产总值比 2000 年翻两番，达到 4.3 万亿美元，人均超过3000美元，基本实现工业化，建成完善的社会主义市场经济体制。更全面的小康，就是经济、政治、文化全面进步，社会主义物质文明、政治文明和精神文明协调发展；社会主义民主更加完善，社会主义法制更加完备，依法治国基本方略得到全面落实，人民的政治、经济和文化权益得到切实尊重和保障；全民族的思想道德素质、科学文化素质和健康素质明显提高，形成比较完善的现代化国民教育体系、科技和文化创新体系、全民健身和医疗卫生体系。如何在现有发展基础上，更好地发展经济，同时兼顾人民生活水平的提高，政治、文化、社会、生态建设全面发展，是摆在党和全国人民面前的新任务。

随着中国特色社会主义现代化进程的不断推进，2007年10月，党的十七大《高举中国特色社会主义伟大旗帜 为夺取全面建设小康社会新胜利而奋斗》的报告进一步丰富和发展了"小康社会"的内涵，在党的十六大确立的全面建设小康社会目标的基础上对我国经济社会发展提出了更新、更高的要求。

一是增强发展协调性，努力实现经济又好又快发展。转变发展方式取得重大进展，在优化结构、提高效益、降低消耗、保护环境的基础上，实现人均国内生产总值到2020年比2000年翻两番。社会主义市场经济体制更加完善。自主创新能力显著提高，科技进步对经济增长的贡献率大幅上升，进入创新型国家行列。居民消费率稳步提高，形成消费、投资、出口协调拉动的增长格局。城乡、区域协调互动发展机制和主体功能区布局基本形成。社会主义新农村建设取得重大进展。城镇人口比重明显增加。

二是扩大社会主义民主，更好保障人民权益和社会公平正义。公民政治参与有序扩大。依法治国基本方略深入落实，全社会法制观念进一步增强，法治政府建设取得新成效。基层民主制度更加完善。政府提供基本公共服务能力显著增强。

三是加强文化建设，明显提高全民族文明素质。社会主义核心价值体系深入人心,良好思想道德风尚进一步弘扬。覆盖全社会的公共文化服务体系基本建立,文化产业占国民经济比重明显提高、国际竞争力显著增强,适应人民需要的文化产品更加丰富。

四是加快发展社会事业,全面改善人民生活。现代国民教育体系更加完善,终身教育体系基本形成,全民受教育程度和创新人才培养水平明显提高。社会就业更加充分。覆盖城乡居民的社会保障体系基本建立,人人享有基本生活保障。合理有序的收入分配格局基本形成,中等收入者占多数,绝对贫困现象基本消除。人人享有基本医疗卫生服务。社会管理体系更加健全。

五是建设生态文明,基本形成节约能源资源和保护生态环境的产业结构、增长方式、消费模式。循环经济形成较大规模,可再生能源比重显著上升。主要污染物排放得到有效控制,生态环境质量明显改善。生态文明观念在全社会牢固树立。

全面建设小康社会目标的提出,突出了政治、经济、文化、社会、生态"五位一体"建设的"全面性",既是当下中国社会经济发展的现实要求,更是推进社会主义现代化建设的具体规划。

2012年11月,党的十八大报告《坚定不移沿着中国特色社会主义道路前进 为全面建成小康社会而奋斗》将全面"建设"小康社会目标提升为全面"建成"小康社会,是我党在新的历史时期对全党和全国人民许下的庄严承诺,以勇于担当的精神承担起全面建成小康社会的历史使命。党的十八大报告中指出,"纵观国际国内大势,我国发展仍处于可以大有作为的重要战略机遇期。我们要准确判断重要战略机遇期内涵和条件的变化,全面把握机遇,沉着应对挑战,赢得主动,赢得优势,赢得未来,确保到2020年实现全面建成小康社会宏伟目标"。从"全面建设小康社会"到"全面建成小康社会",一字之差,体现了党的不负历史使命的勇于担当精神。党的十八大同时提出了全面建成小康社会的具体目标。

在经济方面,要使经济持续健康发展。转变经济发展方式取得重大进展,在发展平衡性、协调性、可持续性明显增强的基础上,实现国内生产总值和城乡居民人均收入比2010年翻一番。科技进步对经济增长的贡献率大幅上升,进入创新型国家行列。工业化基本实现,信息化水平大幅提升,城镇化质量明显提高,农业现代化和社会主义新农村建设成效显著,区域协调发展机制基本形成。对外开放水平进一步提高,国际竞争力明显增强。全面建成小康社会的经济目标,由以往的GDP"数字指标"转向了"效益与创新"的"质量指标"新轨道上来。实现全面建成小康社会的经济发展目标,要抓住"核心"、强化"驱动"、聚焦"难点"。抓住"核心"就是要处理好政府和市场的关系,使市场在资源配置中起决定性作用,同时更好地发挥政府的作用,使"看得见的手"和"看不见的手"同时发力,把控经济发展方向,推动经济健康快速增长。强化"驱动"就是通过创新引领经济结构优化升级,导航经济实现质量和效益的发展。聚焦"难点"就是促进城乡、区域协调发展,由发展"不平衡"的小康向发展更加"平衡"的小康迈进。

在政治方面,要使人民民主不断扩大。民主制度更加完善,民主形式更加丰富,人民积极性、主动性、创造性进一步发挥。依法治国基本方略全面落实,法治政府基本建成,司法公信力不断提高,人权得到切实尊重和保障。实现全面建成小康社会的政治发展目标,要更加坚定、坚持中国共产党的领导,"民主"与"法制"同步发展的中国特色社会主义政治发展道路,更加充分地体现了"公平正义"的社会主义发展走向。政治体制改革立足于完善人民代表大会制度、社会主义协商民主制度和基层民主制度,致力于加强国家治理体系和治理能力的"第五个现代化"建设。全面依法治国,以"科学立法、严格执法、公正司法、全民守法"为方针指引,加快建设法治政府、法治国家、法治社会。

在文化方面,要使文化软实力显著增强。社会主义核心价值体系深入人心,公民文明素质和社会文明程度明显提高。文化产品更加丰富，公共文化服务体系基本建成，文化产业成为国民经济支柱性产业，中华文化走出去迈出更大步伐，社会主义文化强国建设基础更加坚实。实现全面建成小康社会的文化发展目标，核心是建设社会主义核心价值体系和核心价值观，发挥国家物质硬实力和文化软实力的协同作用，依法治国与以德治国相结合，以满足人民群众日益增长的精神文化需求为目标，推进社会主义文化强国建设。

在社会生活方面，要使人民生活水平全面提高。基本公共服务均等化总体实现，全民受教育程度和创新人才培养水平明显提高，进入人才强国和人力资源强国行列，教育现代化基本实现。就业更加充分。收入分配差距缩小，中等收入群体持续扩大，扶贫对象大幅减少。社会保障全民覆盖，人人享有基本医疗卫生服务，住房保障体系基本形成，社会和谐稳定。实现全面建成小康社会的发展目标，要围绕着改善民生和创新管理这两个着力点。解决好教育、就业、收入、医疗、社会保障等民生领域的重要问题，通过创新社会管理协调社会关系，促进社会公平正义。

在生态建设方面，要使资源节约型、环境友好型社会建设取得重大进展。主体功能区布局基本形成，资源循环利用体系初步建立。单位国内生产总值能源消耗和二氧化碳排放大幅下降，主要污染物排放总量显著减少。森林覆盖率提高，生态系统稳定性增强，人居环境明显改善。实现全面建成小康社会的生态发展目标，要秉持"尊重自然、顺应自然、保护自然"的生态文明建设理念，处理好经济发展和生态文明建设之间的关系，建设资源节约型和环境保护型的美丽中国。正如习近平总书记2013年9月在哈萨克斯坦纳扎尔巴耶夫大学回答学生提问时所说的，"我们既要绿水青山，也要金山银山。宁要绿水青山，不要金山银山，而且绿水青山就是金山银山"。

全面建成小康社会转变了简单唯GDP论英雄，更加注重协调发展、全面发展，从经济建设、政治建设、文化建设、社会建设、生态文明建设"五位一体"总布局的高度丰富了小康社会的内涵。由

"国际上中等偏下收入国家"的低水平小康,转向了"向中等偏上收入国家迈进"的更高水平的小康。由城乡发展不平衡、区域发展不平衡、行业收入发展不平衡的小康,转向了全面均衡发展的小康,实现一个都不能少、惠及13亿中国人的全面小康。

改革开放四十年来,我国始终坚持以经济建设为中心,国民经济取得了巨大发展。2010年国内生产总值(GDP)规模已跃居世界第二位,人均GDP在2011年达到5432美元,成为世界最主要的经济体之一,2010—2013年GDP增长速度总体上保持在10%左右。我国经济长期中高速增长过程中,也积累了发展不平衡、不协调、不可持续等一系列突出问题。2014年GDP增速跌至7.3%,2015年GDP增速首次跌破7%的高速增长区跌至6.9%。"十三五"规划将这类问题归结为,发展方式粗放,创新能力不强,部分行业产能过剩严重,企业效益下滑,重大安全事故频发;城乡区域发展不平衡;资源约束趋紧,生态环境恶化趋势尚未得到根本扭转;基本公共服务供给不足,收入差距较大,人口老龄化加快,消除贫困任务艰巨;人们文明素质和社会文明程度有待提高;法治建设有待加强;领导干部思想作风和能力水平有待提高,党员、干部先锋模范作用有待强化。因此,需要政治、经济、文化、社会、生态"五位一体"总体协同推进。正是站在这样的发展高度,全面建成小康社会的任务目标是要实现经济持续健康发展,人民民主不断扩大,文化软实力显著增强,人民生活水平全面提高,基本公共服务均等化总体实现,资源节约型、环境友好型社会建设取得重大进展的"五位一体"协同发展。

党的十七大报告描绘出到2020年全面建成小康社会的美好前景,"我们这个历史悠久的文明古国和发展中社会主义大国,将成为工业化基本实现、综合国力显著增强、国内市场总体规模位居世界前列的国家;成为人民富裕程度普遍提高、生活质量明显改善、生态环境良好的国家;成为人民享有更加充分民主权利、具有更高文明素质和精神追求的国家;成为各方面制度更加完善、社会更加充满活力而又安定团结的国家；成为对外更加开放、更加具有亲和力、为人类文明作出更大贡献的国家"。中国正大踏步地进入全面建设小康的历史阶段。

2012年11月29日，习近平总书记在国家博物馆参观"复兴之路"展览时，第一次提出并阐释了"中国梦"的概念。他说："大家都在讨论中国梦。我认为，实现中华民族伟大复兴，就是中华民族近代以来最伟大的梦想。"他说，到中国共产党成立100年时全面建成小康社会的目标一定能实现，到中华人民共和国成立100年时建成富强、民主、文明、和谐的社会主义现代化国家的目标一定能实现，中华民族伟大复兴的梦想一定能实现。"两个一百年"奋斗目标的"中国梦"描绘了中国现代化进程的宏伟蓝图，其中到中国共产党成立100年时，即2020年全面建成小康社会是承上启下的关键一步。

2014年11月，习近平总书记到福建考察调研时，提出"协调推进全面建成小康社会、全面深化改革、全面推进依法治国进程"。2014年12月在江苏调研时，进一步提出要"协调推进全面建成小康社会、全面深化改革、全面推进依法治国、全面从严治党，推动改革开放和社会主义现代化建设迈上新台阶"，将"三个全面"上升到了"四个全面"，形成了完整的"四个全面"战略布局。其中全面建成小康社会是战略目标，全面深化改革、全面依法治国、全面从严治党是三大战略举措。

2015年11月，党的十八届五中全会通过的中华人民共和国国民经济和社会发展第十三个五年规划纲要（简称"十三五"规划），提出"必须牢固树立创新、协调、绿色、开放、共享的发展理念"。"五大发展理念"为全面建成小康社会提供了思想理念指引。

第三节　建成现代化强国的新征程

2017年10月18日，中国共产党第十九次全国代表大会在北京胜利召开，习近平总书记作了《决胜全面建成小康社会 夺取新时代中国特色社会主义伟大胜利》的报告,报告的主题是:"不忘初心,牢记使命,高举中国特色社会主义伟大旗帜,决胜全面建成小康社会,夺取新时代中国特色社会主义伟大胜利,为实现中华民族伟大复兴的中国梦不懈奋斗。"党的十九大形成了重要的理论成果——习近平新时代中国特色社会主义思想,围绕着"坚持和发展什么样的中国特色社会主义、怎样坚持和发展中国特色社会主义"的时代主题,形成了以"创新、协调、绿色、开放、共享"新发展理念为引领,"五位一体"建设总布局统筹发展,"四个全面"战略布局协同发展的全面型、发展型、开放型思想体系。习近平新时代中国特色社会主义思想,是以人民为中心建设具有中国特色的社会主义现代化的思想体系,实现了马克思主义理论与全面建设中国特色社会主义实践相结合,是马克思主义中国化理论的第三次历史性飞跃。

习近平以辩证唯物主义和历史唯物主义的方法,正确认识科学社会主义运动发展的宏远历史背景,辩证认识社会主义初级阶段总体特征与新时代特殊时代背景,形成了新时代中国特色社会主义思想。纵观科学社会主义百余年发展史,马克思、恩格斯基于新兴资本主义时代的社会背景,站在无产阶级立场开创了马克思主义理论;毛泽东基于半殖民地半封建社会的时代背景,密切联系群众开创了社会主义理论;邓小平处于和平与发展的主题时代,以人民满意不满意为标准开创了中国特色社会主义理论;习近平基于中国特色社会主义建设新时代的特殊时代背景,从"以人民为中心"的思想出发形成了新时代中国特色社会主义思想。习近平新时代中国特色社会主义思想围绕着"以人民为中心"的思想内核,以实现共同富裕为本质特征,准确把握中国特色社会主义现代化建设总体脉络,全面开启了中国特色社会主义建设新征程。

党的十九大综合分析国际国内形势和我国发展条件,针对全面建成小康社会奋斗目标实现后,又提出了新的、更高的发展战略目标:从2020年到21世纪中叶,全面建设社会主义现代化强国将分两个阶段来安排。第一个阶段，从2020年到2035年，在全面建成小康社会的基础上，再奋斗十五年，基本实现社会主义现代化；第二个阶段，从2035年到21世纪中叶，在基本实现现代化的基础上，再奋斗十五年，把我国建成富强、民主、文明、和谐、美丽的社会主义现代化强国。根据这一安排，2035年，我国基本实现社会主义现代化，意味着将原定的第二个百年奋斗目标提前了十五年。在表述奋斗目标时，对应生态文明建设，增加了"美丽"二字，并把"社会主义现代化国家"改为"社会主义现代化强国"，进一步丰富发展了中国特色社会主义发展战略的科学内涵。

建设社会主义现代化强国的目标是在中国特色社会主义建设快速发展并取得了巨大成就的基础上提出来的。在自2008年国际金融危机后世界经济复苏乏力的经济形势下，在世界局部冲突和动荡频发的国际安全环境中，在经济、生态等全球性问题加剧的外部环境下，在我国经济发展新常态大背景下，社会主义经济建设仍然取得了重大的历史性成就。

在经济建设方面，坚定不移贯彻"创新、协调、绿色、开放、共享"新发展理念下，坚持科学发展观，转变经济结构和发展方式，使经济发展质量和效益不断提升。经济保持了中高速增长，国内生产总值达到80万亿元，稳居世界第二，对世界经济增长贡献率超过30%。随着供给侧结构性改革的不断深入推进，经济结构也不断得到优化，"新型工业化、信息化、城镇化、农业现代化道路"新四化同步推进。在新型工业化建设方面，十大新兴产业都取得了较大发展，高铁、公路、桥梁、港口、机场等基础设施建设快速推进。在农业现代化建设方面，大规模农业合作经济不断推广，粮食生产能力达到12000亿斤。在城镇化建设方面，以"农业转移人口市民化"为核心的城镇化建设推动城镇化率五年内年均提高1.2个百分点，8000多万农业转移人口成为城镇居民。"一带一路"倡议、京津冀协同发展、长江经济带发展带动的"东部率先、东北振兴、中部崛起、西部开发"区域协调发展布局成效显著。创新驱动发展战略推动创新型国家建设成果丰硕，天宫、蛟龙、天眼、悟空、墨子、大飞机等重大科技成果相继问世。

政治建设方面，民主法治建设迈出重大步伐。积极发展社会主义民主政治，推进全面依法治国，党的领导、人民当家做主、依法治国有机统一的制度建设全面加强，党的领导体制机制不断完善，社会主义民主不断发展，党内民主更加广泛，社会主义协商民主全面展开，爱国统一战线巩固发展，民族宗教工作创新推进。科学立法、严格执法、公正司法、全民守法深入推进，法治国家、法治政府、法治社会建设相互促进，中国特色社会主义法治体系日益完善，全社会法治观念明显增强。国家监察体制改革试点取得实效，行政体制改革、司法体制改革、权力运行制约和监督体系建设有效实施。

思想文化建设方面，加强党对意识形态工作的领导，党的理论创新全面推进，马克思主义在意识形态领域的指导地位更加鲜明，中国特色社会主义和中国梦深入人心，社会主义核心价值观和中华优秀传统文化广泛弘扬，群众性精神文明创建活动扎实开展。公共文化服务水平不断提高，文艺创作持续繁荣，文化事业和文化产业蓬勃发展，互联网建设管理运用不断完善，全民健身和竞技体育全面发展。主旋律更加响亮，正能量更加强劲，文化自信得到彰显，国家文化软实力和中华文化影响力大幅提升，全党全社会思想上的团结统一更加巩固。

社会建设方面，深入贯彻"以人民为中心"的发展思想，实施一大批惠民举措落地，使人民获得感显著增强。"精准扶贫"取得重大成果，6000多万贫困人口稳定脱贫，贫困发生率下降到4%以下。教育事业全面发展，中西部和农村教育明显加强，有效改善了教育资源不平衡问题。就业状况持续改善，实现五年内年均1300万人以上城镇新增就业。城乡居民收入增长速度超过经济增速，中等收入群体持续扩大。覆盖城乡居民的社会保障体系基本建立，保障性住房建设稳步推进，社会大局保持稳定，国家安全全面加强。

生态文明建设方面，大力度推进生态文明建设，生态文明制度体系加快形成，主体功能区制度逐步健全，国家公园体制试点积极推进。全面节约资源有效推进，能源资源消耗强度大幅下降。重大生态保护和修复工程进展顺利，森林覆盖率持续提高。生态环境治理明显加强，环境状况得到改善。引导应对气候变化国际合作，成为全球生态文明建设的重要参与者、贡献者和引领者。

在现已取得成就的基础上，用发展的眼光，从两个阶段递进的发展关系来系统看待全面建设社会主义现代强国目标的要求。

第一个阶段，从2020年到2035年，在全面建成小康社会的基础上，再奋斗十五年，基本实现社会主义现代化。将"三步走"战略中"到21世纪中叶，人均国民生产总值达到中等发达国家水平，人民生活比较富裕，基本实现现代化"的时间点提前了十五年。按照GDP年增长6.5%以上的发展速度，到2035年完全可以基本实现社会主义现代化。

这一阶段的经济发展目标是，我国经济实力、科技实力将大幅跃升，跻身创新型国家前列。我国经济将保持中高速增长、产业迈向中高端水平，经济发展实现由数量和规模扩张向质量和效益提升的根本转变。社会主义市场经济体制将更加完善，全面开放新格局加快构建，经济活力明显增强。形成若干世界级先进制造业集群，全要素生产率明显提升，基本建成现代化经济体系。发展空间格局得到优化，以城市群为主体、大中小城市和小城镇协调发展的城镇化格局基本形成，基础设施体系更加完备，城市品质明显提升。科技创新能力持续增强，在2020年建成创新型国家之后，到2035年跃升至创新型国家前列。

政治建设发展目标是，人民平等参与、平等发展权利得到充分保障，法治国家、法治政府、法治社会基本建成，各方面制度更加完善，国家治理体系和治理能力现代化基本实现。党的领导、人民当家做主、依法治国达到高度有机统一。人民民主更加充分发展，人民代表大会和人民政协制度更加完善，民主选举、民主协商、民主决策、民主管理、民主监督得到有效落实，人权得到充分保障，人民积极性、主动性、创造性进一步发挥。政府公信力和执行力大为增强，人民满意的服务型政府基本建成。依法治国得到全面落实，科学立法、严格执法、公正司法、全民守法的局面基本形成。

文化建设发展目标是，社会文明程度达到新的高度，国家文化软实力显著增强，中华文化影响更加广泛深入。中国梦和社会主义核心价值观深入人心，爱国主义、集体主义、社会主义思想广泛弘扬，全体人民的文化自信、文化自觉和文化凝聚力不断提高。重视社会公德、职业道德、家庭美德、个人品德的社会风尚基本养成，人民思想道德素质、科学文化素质、健康素质明显提高。公共文化服务体系、现代文化产业体系和市场体系基本建成，中外文化交流更加广泛，中华文化走出去达到新水平。

民生和社会建设发展目标是，人民生活更为宽裕，中等收入群体比例明显提高，城乡区域发展差距和居民生活水平差距显著缩小，基本公共服务均等化基本实现，全体人民共同富裕迈出坚实步伐。实现幼有所育、学有所教、劳有所得、病有所医、老有所养、住有所居、弱有所扶的美好愿景，实现更高质量和更充分的就业。我国进入高收入国家行列，人口预期寿命和国民受教育程度达到世界先进水平。现代社会治理格局基本形成，社会充满活力又和谐有序。政府治理和社会调节、居民自治良性互动，公平正义充分彰显，人民获得感、幸福感、安全感更加充实、更有保障、更可持续。

生态建设发展目标是，生态环境根本好转，美丽中国目标基本实现。清洁低碳、安全高效的能源体系和绿色低碳循环发展的经济体系基本建立，生态文明制度更加健全。绿色发展的生产方式和生活方式基本形成，能源、水等资源利用效率达到国际先进水平。大气、水、土壤等环境状况明显改观，生态安全屏障体系基本建立，生产空间安全高效、生活空间舒适宜居、生态空间山青水碧的国土开发格局形成，森林、河湖、湿地、草原、海洋等自然生态系统质量和稳定性明显改善。我国碳排放总量将在2030年左右达到峰值后呈现下降态势，将在应对全球气候变化和促进绿色发展中发挥重要作用。

第一阶段的发展成果是实现第二阶段现代化发展目标的基础，从2035年到21世纪中叶，在基本实现现代化的基础上，再奋斗十五年，把我国建成富强、民主、文明、和谐、美丽的社会主义现代化强国，不断推进"五位一体"建设，将全面提升我国社会主义物质文明、政治文明、精神文明、社会文明、生态文明。

在经济建设方面，我国将拥有高度的物质文明，社会生产力水平大幅度提高，核心竞争力名列世界前茅，经济总量和市场规模超过其他国家，建成富强的社会主义现代化强国。在政治建设方面，我国将拥有高度的政治文明，形成既有集中又有民主、既有纪律又有自由、既有统一意志又有个人心情舒畅生动活泼的政治局面，依法治国和以德治国有机结合，建成民主的社会主义现代化强国。在文化建设方面，我国将拥有高度的精神文明，践行社会主义核心价值观成为全社会自觉行动，国民素质显著提高，中国精神、中国价值、中国力量成为中国发展的重要影响力和推动力，建成文明的社会主义现代化强国。在民生和社会建设方面，我国将拥有高度的社会文明，城乡居民将普遍拥有较高的收入、富裕的生活、健全的基本公共服务，享有更加幸福安康的生活，全体人民共同富裕基本实现，公平正义普遍彰显，社会充满活力而又规范有序，建成和谐的社会主义现代化强国。在生态文明建设方面，我国将拥有高度的生态文明，天蓝、地绿、水清的优美生态环境成为普遍常态，开创人与自然和谐共生新境界，建成美丽的社会主义现代化强国。

分"两个阶段"建成社会主义现代化强国，从时间维度将"三步走"战略目标提前了十五年；从质量维度将中国特色社会主义现代化建设目标由"达到中等发达国家水平"提升到"现代化强国"；从空间维度上提升到贡献"中国方案"的新高度,并高瞻远瞩地提出"乘势而上开启全面建设社会主义现代化国家新征程,向第二个百年奋斗目标进军",拉近了共产主义远大理想的美好愿景。并提出"向第二个百年奋斗目标进军"的"后社会主义初级阶段"的发展新思考,体现了习近平社会主义现代化发展观"方向性的战略定力"与"灵活性的战略思维"的有机统一。

第四节 新时代历史站位

随着"大变革、大调整"的世情、"执政面临的社会环境和客观条件深刻变化"的党情、经过极不平凡的五年"发展取得了重大成就"的国情的新变化,社会主要矛盾和发展目标也随之转变,以此为依据,党的十九大作出了"中国特色社会主义发展进入了新时代"的重大判断,明确了中国特色社会主义发展新的历史方位。"方"就是要坚持社会主义道路"方"向,"位"就是要立足于社会主义初级阶段新时代的定"位"。

虽然我国仍处于并将长期处于社会主义初级阶段的基本国情没有变,我国是世界最大发展中国家的国际地位没有变,但是由于社会主要矛盾的变化,中国特色社会主义建设已经进入了新时代。"一个变化了"和"两个没有变"是习近平新时代中国特色社会主义思想对当前中国国情的最新判断。

当前中国社会的主要矛盾已经由"人民日益增长的物质文化需要同落后的社会生产"之间的矛盾,转化为"人民日益增长的美好生活需要和不平衡不充分的发展之间的矛盾"。新时代社会矛盾的变化体现在,矛盾的主体已经是解决了"社会生产落后"的问题后,产生了更深层次的"不平衡不充分发展"的问题。发展不平衡集中体现在城乡间、区域间、个人收入间的发展不平衡,发展不充分集中体现在经济发展总体水平与经济政治制度供给不充分。矛盾的一方面是人民的需要日益呈现多元化特征，由人民日益增长的"物质文化"两维需求转向了对"民主、法治、公平、正义、安全、环境"的多维"美好生活"需求。另一方面是我国作为世界第二大经济体，生产力发展水平已经不再落后，而发展的区域间、城乡间、居民个人收入间不平衡是应当着力解决的矛盾主要方面，改变人均国民收入水平还不是很高、制度供给还不充分的现实是满足人民日益增长美好生活需要的关键。因此，社会发展重心也就随之由经济发展扩展到以经济为重点的政治、经济、文化、社会、生态"五位一体"协同发展，全面小康社会后时代，应转向通过经济政治体制机制改革，着重解决发展不平衡的问题，这是由社会主义初级阶段向更高级阶段过渡迫切需要跨越的障碍，实现以创新驱动和供给侧改革为切入点的经济发展，仍然是解决社会主要矛盾的重要途径。

虽然我国社会主要矛盾已经转化为人民日益增长的美好生活需要和不平衡不充分的发展之间的矛盾，但我国仍处于并将长期处于社会主义初级阶段的基本国情没有变，我国是世界最大发展中国家的国际地位没有变。虽然生产力发展水平不再"落后"，但还"不充分不平衡"，不能满足全体人民多层次、多样化的需要；以公有制为主体的生产关系日渐成熟，与日益提高的生产力发展水平更加协调、更加适应，但还不能忽视非公有制经济的积极作用。这就意味着生产力和生产关系共同构成的经济基础没有发生根本性变化，我国社会发展的历史坐标仍然位于共产主义的初级阶段即社会主义阶段，并且仍然位于总体不发达的社会主义初级阶段，这是中国最大的国情、最大的实际。"变与没变"的辩证统一关系，体现了历史不断发展变化的绝对性与某一发展阶段社会性质相对稳定性的辩证统一，社会主义初级阶段具有长期性特征。

"这个新时代，是承前启后、继往开来、在新的历史条件下继续夺取中国特色社会主义伟大胜利的时代"，也就是在社会主义建设已取得的成就下，继续建设社会主义伟大强国的时代，基于历史发展的长远视角,正确判断了新时代在中国特色社会主义现代化历史进程中的方位,全面彰显了极具中国特色的社会主义政治制度和经济制度的优越性。"这个新时代,是决胜全面建成小康社会、进而全面建设社会主义现代化强国的时代",即处于"两个一百年"历史交汇期,推动社会主义现代化建设的伟大事业继续前进的关键历史节点,这是中国特色社会主义在2020年实现全面建成小康社会的基础上继续奋进,于2050年将我国建设成为富强、民主、文明、和谐、美丽的社会主义现代化强国的时代;"这个新时代,是全国各族人民团结奋斗、不断创造美好生活、逐步实现全体人民共同富裕的时代",这是在我国经济已经发展成为世界第二大经济体的基础上,更加充分地体现社会主义以民为本的本质特征,实现由"国家发展观"向"以人民为中心"发展观的重大转型,由"先富带后富"到"最终实现同富"的历史飞跃;"这个新时代,是全体中华儿女勠力同心、奋力实现中华民族伟大复兴中国梦的时代",伟大复兴是中华民族近百年来最大的梦想,也是新时代我国要实现的最重要目标,由"富裕"的经济发展走向"综合国力"的全面发展,重现中华民族辉煌鼎盛荣光的历史展望;"这个新时代,是我国日益走近世界舞台中央、不断为人类做出更大贡献的时代",即中国在自身发展、综合国力日益强大的基础上,不断提升国际地位和国际话语权,担当起人类命运共同体全新使命的历史新起点,为人类发展贡献中国智慧和中国方案的时代。明晰时代特征的重大意义在于,通过"全面小康"到"现代化强国"的发展路径,实现社会主义本质所要求的"共同富裕"和中华民族的"强大复兴",从而全面"赶超"西方发达国家,夺取中国特色社会主义伟大胜利,为发展中国家走向现代化贡献中国方案。

新时代的内涵层层递进,从历史演进的时间维度构建了中国特色社会主义发展进程与现代化实现路径;从发展格局的空间维度展现了中国逐步领跑世界的现代化发展新高度。社会主义初级阶段新时代的背景判断,是习近平接力于前几代领导集体已经取得的成就基础上,继续坚定社会主义现代化发展方向，并与时俱进结合新时代特征，开启社会主义现代化建设新的历史征程。

中国特色社会主义进入新时代，意味着自 1840 年鸦片战争以来，毛泽东带领中国人民实现了"站起来"、邓小平带领中国人民实现了"富起来"，再到当前习近平将带领中国人民实现中华民族伟大复兴，使中国真正"强起来"的伟大飞跃。意味着马克思所创立的科学社会主义在中国特色社会主义实践中，取得了理论的重大发展，实践的重大突破。意味着中国独立自主地成功探索了一条特色社会主义建设道路，并将以"道路自信、制度自信、理论自信、文化自信"实现中国社会主义现代化强国建设，同时为发展中国家进行现代化建设提供了宝贵经验。

新时代现代化发展战略思想凸显中国共产党执政能力的时代意义在于，新时代中国特色社会主义现代化建设目标的设定，全面展现了中国共产党日益成熟的执政能力。经济基础决定上层建筑，上层建筑反作用于经济基础，在中国生产力发展落后于生产关系的特殊历史发展阶段下，需要更加重视作为上层建筑的政治制度与政治治理能力对经济基础的反作用力，新时代现代化战略实践不断推进的现代化进程展示了当前中国强大的政治治理能力。党的十九大围绕着实现现代化战略目标提出的十四个方面的基本方略，准确把脉中国经济社会发展的关键问题，有效构建全面发展建设的重大方针措施，体现了中国共产党对国家治理的谋篇布局能力。

新时代现代化发展战略思想践行中国道路的深远历史意义在于，新时代现代化发展战略思想是中国特色社会主义独特的道路选择，描绘了中国式发展道路的成功路径。习近平总书记曾明确指出："中国特色社会主义特就特在其道路、理论体系、制度上，特就特在其实现途径、行动指南、根本保障的内在联系上，特就特在这三者统一于中国特色社会主义伟大实践上，特就特在中国共产党的领导。"新时代中国特色社会主义现代化发展战略思想是在中国共产党的领导下，以马克思主义思想为指导,在中国特色社会主义经济政治制度框架内,具体发展的中国特色社会主义理论体系的有机组成部分,是根植于中华优秀传统文化基因,实现共产主义远大理想的路径探索,是新时代坚定中国特色社会主义"道路自信、理论自信、制度自信、文化自信"的源泉,是对社会主义现代化建设规律的理论与实践的重大突破。

  以中国特色社会主义现代化发展进程的纵深视度理解新时代社会主义现代化的内涵,从"两步走"战略到"三步走"战略,再到"新三步走"战略,从"全面建成小康社会"到"实现中华民族伟大复兴的中国梦",五代领导人薪火相传,坚定不移地带领全国人民向着"富强、民主、文明、和谐、美丽"的中国特色社会主义现代化目标迈进,展现了中国共产党集体领导的力量和中国政治发展的极强稳定性。同时从"富强、民主、文明"三位一体到"富强、民主、文明、和谐、美丽"五位一体现代化建设目标的丰富发展,充分体现了中国共产党与时俱进的治国理政能力与水平。从"全面建成小康社会"到"把我国建成富强、民主、文明、和谐、美丽的社会主义现代化强国",我国社会主义现代化按照既定的发展战略目标大踏步向前推进。①

---

① 习近平:《习近平谈治国理政》,外文出版社2014年版,第9页。

第二章

全面建成社会主义现代化强国的战略蓝图

习近平新时代中国特色社会主义思想的重大理论突破和历史贡献是，围绕着"新时代坚持和发展什么样的中国特色社会主义、怎样坚持和发展中国特色社会主义"的时代主题，明确回答了要"坚持和发展现代化的中国特色社会主义，要全面建成社会主义现代化强国"，习近平中国特色社会主义现代化发展观基于社会主义初级阶段新时代背景，从实现时间、建设程度、科学内涵等多维角度丰富发展了中国特色社会主义思想。具有对"三大规律"认识的开拓创新性，以"实现人的全面而自由发展"为目标的全面多维性，为发展中国家独立自主建设现代化贡献中国方案的开放包容性等鲜明特征。是深深根植于马克思主义又极具中国化特色的根深叶茂的中国特色社会主义现代化发展观。实现了对马克思主义"以人民为中心思想"立场的坚持和发展，对"生产力与生产关系矛盾运动"特殊性观点的创新，以及世界观与方法论的灵活运用，具有重大的理论意义、建设实践意义和方法论指导意义。

第一节　全面建成社会主义现代化强国的内涵

习近平新时代中国特色社会主义思想遵循马克思历史唯物主义认识论的逻辑方法，以把握社会主义初级阶段新时代国情破题，分析新时代中国社会的主要矛盾，明确时代性总目标、总任务，形成了系统的思想理论体系，其核心就是丰富了的中国特色社会主义现代化发展观。

纵观科学社会主义发展史和近百年马克思主义中国化实践，科学社会主义理论经过了马克思、恩格斯所处的新兴自由资本主义时代，列宁所处的资本全球扩张的帝国主义时代，毛泽东所处的半殖民地半封建社会时代，邓小平所处的以和平与发展为主题的时代，每一步进程都打下了深刻的时代烙印。毛泽东领导新民主主义革命胜利结束了中国近代百年屈辱史，确立了社会主义基本政治经济制度，解决了"什么是马克思主义，怎样对待马克思主义"的时代问题，实现了马克思主义与中国革命与建设实践相结合，是马克思主义中国化第一次历史性飞跃。邓小平领导改革开放开启了中国特色社会主义建设的伟大变革，解决了"什么是社会主义，怎样建设社会主义"的时代问题，实现了马克思主义与中国特色社会主义建设实践相结合，是马克思主义中国化第二次历史性飞跃。随着全面深化改革逐步推进，中国已经搭建起了"四梁八柱"性质的制度框架，中国特色社会主义建设事业也取得了巨大的成就，但同时也面临着政治、经济体制机制的深层次新问题，社会文化生态领域的新矛盾。围绕着这些新问题、新矛盾所形成的习近平新时代中国特色社会主义思想，与中国特色社会主义全面建设实践紧密结合，系统地回答了新时代"坚持和发展什么样的中国特色社会主义、怎样坚持和发展中国特色社会主义"的问题，是马克思主义中国化的第三次历史性飞跃。

以"现代化发展"为主线纵观历史，中国形成了完全不同于西方发达国家的独特现代化发展道路。中国现代化的起点，不同于西方国家以科技革命和殖民扩张为基础，而是建立在"一穷二白"薄弱经济、科技基础之上，独立自主地开辟并必然走上了社会主义现代化发展道路；在现代化建设进程中，中国将"后发"条件下的资源和劳动生产要素的相对比较优势转化为现实竞争优势，不断实现对发达国家的赶超；中国现代化的历史走向，是以"自由平等"的社会主义核心价值观为导向，以实现"人的自由而全面发展"的共产主义为终极目标。

为解决新时代的社会主要矛盾，中国特色社会主义建设的总目标确定为把我国建设成为"富强、民主、文明、和谐、美丽"的社会主义现代化强国，提出实现中华民族伟大复兴中国梦的总任务。中国特色社会主义现代化百年奋斗蓝图总体可以分为三个阶段：从1956年社会主义基本制度的确立至1987年改革开放前，建立起了完整的工业体系和国民经济体系，为现代化建设奠定了初步基础，但经济发展总体仍然贫困落后。从1987年至2020年全面建成小康社会，即将完成国家总体富强的任务，但发展仍不充分。从2020年到2050年实现中华民族伟大复兴，我国现代化建设的最后一程面临的主要任务将是彻底"消除两极分化，最终达到共同富裕"，全面完成社会主义初级阶段的总目标，真正把我国建设成为社会主义现代化强国。习近平社会主义现代化发展观集中体现在最后一程，提出"两个阶段"的具体发展战略，"从2020年到2035年，在全面建成小康社会的基础上，再奋斗十五年，基本实现社会主义现代化……从2035年到21世纪中叶，在基本实现现代化的基础上，再奋斗十五年，把我国建成富强、民主、文明、和谐、美丽的社会主义现代化强国"。并且为"乘势而上开启全面建设社会主义现代化国家新征程，向第二个百年奋斗目标进军"奠定了坚定的基础，这一基础就是政治上"从党治走向国治"、经济上"从民富走向国强"，国际地位上"从中国模式走向世界舞台中央"的现代化愿景。从"两步走"战略到"三步走"战略，到"新三步走"战略，再到"两阶段战略"，五代领导人薪火相传，坚定不移地带领着全国人民向着社会主义现代化建设目标不断迈进。

全面建成社会主义现代化强国的"全面"特征体现在，将社会主义现代化建设目标拓展到富强、民主、文明、和谐、美丽"五位一体"，人民"美好"生活的多元化需求必然要求"五位"共同发展，但平衡多元目标间的冲突"一体"协调发展更为关键。"社会主义"特征体现在现代化建设要"以人民为中心"作为思想引领，以"平等"价值观为导向，遵循"共同富裕"的社会主义本质，走出一条不同于西方发达国家的现代化发展道路。全面建设社会主义现代化具有鲜明的开拓创新性、"五位一体"全面多维性、共产主义价值目标的先进性。

习近平社会主义现代化发展观，从"富强、民主、文明"三位一体到"富强、民主、文明、和谐、美丽"五位一体现代化建设目标的丰富发展，充分体现了中国共产党日益成熟、卓有成效的治国理政能力与水平。"两阶段战略"的划分，从时间量度将现代化建设目标的实现提前了十五年，从内涵程度将中国特色社会主义现代化建设目标由"达到中等发展国家水平""基本实现现代化"提升到"建设现代化强国"。并高瞻远瞩地提出"乘势而上开启全面建设社会主义现代化国家新征程"，拉近了共产主义远大理想的美好愿景。中国特色社会主义现代化从毛泽东带领中国人民"站起来"，到邓小平带领中国人民"富起来"之后，迎来了习近平决胜全面建成小康社会带领人民"强起来"，并将继续实现中华民族"兴起来"。"以人民为中心"的思想鲜明地体现了马克思主义"人的自由而全面发展"的共产主义本质和价值目标的现代性。新发展理念体现了创新发展的动力升级、协调发展的总体平衡、绿色发展的和谐可持续、开放发展的内外联动效益、协调发展的社会主义公平正义观，是中国特色社会主义现代化发展观的全面升级版。"五位一体""四个全面"、党建外交理论开创了固本开放的中国特色社会主义的现代化实现路径。

习近平社会主义现代化发展观立足当下，展望未来，理论与实践紧密结合，坚持了马克思主义对人类历史发展规律的深刻认识，夯实了共产主义最高理想和最终目标的现代化基础，从实现时间、建设程度、科学内涵等多维角度丰富发展了中国特色社会主义思想。

第二节　全面建成社会主义现代化强国的发展理念

将习近平新时代"以人民为中心"的思想用于指导中国特色社会主义建设实践，具体化为"创新、协调、绿色、开放、共享"发展新理念，贯穿在中国特色社会主义建设各项发展战略之中，构建了实现共同富裕，进而建设中国特色社会主义现代化强国之路。

"以人民为中心"思想的共同富裕发展新理念

"以人民为中心"的思想是建设中国特色社会主义的指导思想，"共同富裕"是中国特色社会主义发展的终极目标与实践路径。党的十九大报告提出，新时代是"逐步实现全体人民共同富裕的时代"，新时代中国特色社会主义思想"必须坚持以人民为中心的发展思想，不断促进人的全面发展、全体人民共同富裕"。邓小平社会主义本质论开创了"解放生产力，发展生产力，消灭剥削，消除两极分化，最终达到共同富裕"的中国特色社会主义建设道路。随着改革开放的深入推进，以自由竞争为特征的市场经济产生资本集聚效应，必然导致一定程度的贫富分化，2016年我国基尼系数仍处于0.465的高位，居民收入水平差距较大。习近平总书记践行"以人民为中心"的思想，在通过"解放生产力，发展生产力"，经济达到了总体小康水平的全体人民"共富"的基础上，实施"精准扶贫"战略消除两极分化，实现收入差别较小的均等"同富"，真正发挥中国特色社会主义社会制度本质优势，实现"消除贫困达到共同富裕"应然与实然的统一。

习近平新时代中国特色社会主义思想提出"贯彻新发展理念,建设现代化经济体系"的新要求。理论是发展实践之源,国家综合竞争力来源于先进发展理念,不同发展理念决定了不同的发展方向、发展质量、发展速度。习近平以巨大的政治勇气与历史责任担当,直面世界经济深度调整的外部现状,以及最大发展中国家跨越"中等收入陷阱"的现实难题,破解改革开放积累叠加的深层次矛盾问题与风险隐患,提出"创新、协调、绿色、开放、共享"发展新理念。新发展理念分别着力于变革发展动力、系统化发展方式、延展持续发展方向、构建内外联动发展环境、实现公平发展目的,"本体论"的创新理念解决核心动力,"方法论"的协调、绿色、开放理念构建发展途径,"价值论"的共享理念回应发展目标,全面整合了中国特色社会主义发展经验,从理念高度构建了系统发展理论。创新发展理念旨在升级动力,实现优质持续发展,为满足人民美好生活的需要奠定坚实的经济基础;协调发展理念旨在通过全面均衡发展,彰显以民为本的共同富裕社会主义本质;绿色发展理念旨在通过经济与生态均衡发展,满足人民生态文明的高质量生活新需求;开放发展理念旨在贯通内外发展空间,调动经济发展潜力,满足人民生产与消费需求;共享发展理念旨在公平分配社会财富,使人民普惠得享发展成果。一方面,新发展理念强化了中国特色社会主义以民为本的本质特征,赢取民心、顺应民意,进一步夯实了中国共产党的执政根基。另一方面,新发展理念引领发展方式转变,进而推动发展质量提高,层层递进,充分发挥管全局、管根本、管长远的长足发展功能,开拓了优质、持续、公平发展的新境界,提升了对中国特色社会主义建设规律和人类社会发展规律的认识水平。

实现"共富"的经济发展方略

我国改革开放初期凭借劳动力、资金等低水平生产要素投入,发展劳动密集型优势产业、激活基础设施建设产业，驱动经济增长取得了迅猛发展。但随着人口红利的消退、投资驱动导致"高投入、高能耗、高污染、资金回报率低"的"三高一低"发展问题积重难返，转变经济增长模式势在必行。习近平新时代经济发展方略重建产业新格局，短期战略是适应经济发展新常态，以供给侧结构性改革提高产品质量，繁荣消费市场；中期战略是以创新驱动升级产业结构，增强经济持续发展动力；长期战略是加大高新基础科技投入，占领世界科技发展新高端，开启科技革命实现跨越式发展，由此构建了分层有序的联动发展战略，实现经济长期持续增长。

实施以经济体制改革为重点的全面深化改革战略。中国特色社会主义新时代是摆脱了"落后的社会生产"的新时代，但"发展起来以后的问题不比不发展时少"的新时代，改革仍然是解决不平衡不充分发展新矛盾的唯一途径，坚持全面深化改革仍然是新时代中国特色社会主义的重要基本方略。全面深化改革遵循"以人民为中心"的思想，将出发点和落脚点定位于促进社会公平正义、增进人民福祉。经济体制改革是全面深化改革的重点，核心问题是处理好政府和市场的关系，使市场在资源配置中起决定性作用和更好发挥政府作用，有效市场和有为政府相结合建设现代经济。我国传统计划经济时期，政府有为、市场低效，高度强调政府在资源配置中的绝对作用，结果造成价格扭曲和资源错配，经济效率低下。苏联经济转型时期照搬照抄新自由主义经济模式，市场发力，政府无为，由计划经济完全转型为私有制自由经济，结果导致经济社会全面崩溃。西方发达国家市场有效，政府难为，过度自由竞争导致政府失灵、社会失序。中国特色社会主义经济体制最大的优势就是市场与政府协同发力，市场自由发挥要素禀赋的比较优势培育产业竞争力，政府发挥宏观经济导向作用，创建良好的制度环境，"两只手"合力推动经济实现健康、高效、持续发展，奠定实现共同富裕的物质基础。随后，政府进一步发挥调节收入分配、实现社会公平的作用，初次分配调节行业内部、行业间个人收入差距,再次分配协调城乡间、区域间平衡发展,实现公共服务基础设施均等化,逐步由"共富"导向"同富"。

实施"创新发展"理念引领创新驱动战略。发展是解决所有问题的关键,创新是引领发展的第一动力,是新时代建设现代化经济体系的战略支撑。面向历史,发达国家的领先地位与新兴经济体的快速赶超,都是依靠技术创新占据价值链高端产业实现的,创新驱动是大国竞争与崛起的内在规律。面向世界,当今重要基础科学领域的科技创新孕育的第四次科技革命浪潮呼之欲出,关键核心技术引领的跨学科交叉融合带动了新一轮产业变革蓬勃兴起,创新驱动是中国特色社会主义现代化建设的新引擎。面向国内,创新驱动是实现经济由高速增长阶段转向高质量发展阶段,引领经济发展新常态的唯一出路。新时代创新驱动战略理论将邓小平的"改革发展动力论"升级为理论创新、制度创新、科技创新、文化创新的全面"创新发展动力论",理论创新要坚持学好用好中国特色社会主义政治经济学,厚植社会主义道路优势,增强道路自信与理论自信;制度创新要坚持社会主义基本经济制度,创新经济运行体制机制,产、学、研深度融合加强国家创新体系建设;科技创新要强化前瞻性基础研究抢占世界科技前沿,加强应用基础研究成果在重点领域的转化,推动产业升级跟进;文化创新要充分发挥创新能力、创新习惯等非正式制度的激励作用。

以创新发展理念为引领,推进供给侧结构性改革。供给侧结构性改革以问题为导向,针对"需求"与"效益"抵达峰值后的双触底,引发经济结构性通缩的问题,在需求侧实施宽松货币政策驱动"三驾马车"失效的前提下,从供给侧发力,把发展经济的着力点放在实体经济上,把提高供给体系质量作为主攻方向,坚持去产能、去库存、去杠杆、降成本、补短板。其实质是从政府角度为市场松绑,使市场在资源配置中起决定性作用,通过生产要素自由流动配置,提高全要素生产率。随着市场日渐成熟的经济发展新时代的到来,政府要由"保姆式"的市场培育角色,转型为"导师式"的发展型政府,适度放手给企业更大的成长空间，回归本位用"看得见的手"创建公平自由的市场环境，释放市场高质量潜能，有效刺激经济增长。例如，政府主导建设"一带一路"、实施国企改革，市场自由竞争挤出国企集中的基础设施建设领域的低效产能；启动房地产税收改革，从根源去除楼市库存；实施金融体制改革去除债务杠杆，规避间接融资带来的潜在风险隐患；减少税收、简政放权，降低实体经济经营成本，增强市场主体活力与竞争力；主导土地确权补齐政策短板，实现土地要素自由流动。供给侧结构性改革是供给与需求两端同时发力、政府与市场协同发展的改革。

"开放"发展理念引领"一带一路"经济命运共同体建设。以信息和资本推动的全球一体化是不容选择的现实客观存在，中国秉持开放理念以包容的姿态顺应历史发展潮流，实现国内外市场联动繁荣发展，拓展了经济发展空间，提高全球经济治理中的制度性话语权。"一带一路"倡议以"政策沟通、设施连通、贸易畅通、资金融通、民心相通"为主旨拓展了国际间单纯贸易领域的合作模式；海陆贸易循环贯通，开创了高铁、重载铁路陆权风，颠覆了海权外贸经济发展模式；实现了区域内共同发展、区域间联动、世界经济无缝对接。"一带一路"倡议将世界发展看作一个整体，整合全球生产要素，使不同发展程度国家凭借各自比较优势占据价值链不同位置，实现了经济命运共同体共繁共强、一体发展。

实现"同富"的经济发展方略

共同富裕是中国特色社会主义的本质特征，由总体"共富"过渡到差别较小的全体"同富"，是中国特色社会主义发展的重要阶段性飞跃，是向"人的自由而全面发展"的共产主义迈进的关键一步。

实施以"充分平衡"为特征的全面建成小康社会战略。当前中国特色社会主义建设正处于"决胜全面建成小康社会、进而全面建设社会主义现代化强国"的"两个一百年"奋斗目标历史交汇期的新时代,"全面建成小康社会"是"实现中华民族伟大复兴中国梦",建设中国特色社会主义现代化强国承上启下的关键一步;是在低水平、不全面、发展很不平衡的"总体小康"基础上,以城乡居民人均收入为衡量标准之一的"更充分"的小康;是在城乡、区域、个人收入不平衡的基础上,实现"平衡"发展的小康;是由单一经济发展观转向经济更加发展、民主更加健全、科教更加进步、文化更加繁荣、社会更加和谐、人民生活更加殷实的"五位一体"全面小康。全面建成小康社会是在"以人民为中心"思想指导下,以"提高人民生活幸福指数"为出发点和落脚点,以促进人的全面发展为最终目标,惠及十几亿人口的更高水平的小康社会。实现全面建成小康社会要以"共享"发展理念为引领,全面落实精准扶贫基本方略,以"协调"发展理念为引领,实施振兴乡村战略。

"共享"发展理念引领精准扶贫方略。马克思、恩格斯指出,未来社会是"以每一个个人的全面而自由的发展为基本原则的社会形式",它将"结束牺牲一些人的利益来满足另一些人的需要的状况",使"所有人共同享受大家创造出来的福利"。共享发展理念是指由最广泛的人民共同分享中国特色社会主义建设过程,共同享受富裕的物质成果和美好的精神生活,是实现公平正义社会主义发展的本质要求。习近平总书记提出"共享是中国特色社会主义的本质要求",是使人民在共建共享发展中有更多获得感,实现"发展为了人民、发展依靠人民、发展成果由人民共享"的"以人民为中心"思想最具体而直接的体现。

以"共享发展理念"为引领,以"全面建设小康社会"为目标,落实到具体治国方略就是要实施"精准扶贫、精准脱贫"。改革开放以来我国扶贫战略经历了制度性改革缓解贫困、区域定向开发式扶贫、由县转乡深化扶贫,直至全面小康攻坚减贫四个阶段。"精准扶贫"提出"扶持对象精准、项目安排精准、资金使用精准、措施到户精准、因村派人精准、脱贫成效精准"的"六个精准"要求,通过

"发展生产脱贫一批,易地搬迁脱贫一批,生态补偿脱贫一批,发展教育脱贫一批,社会保障兜底一批"的"五个一批"工程,由"扶贫"到"脱贫"实现"真脱贫、脱真贫",坚决打赢脱贫攻坚战,将精准扶贫战略落到实处。

"协调"与"绿色"发展理念引领区域发展的乡村振兴战略。"协调发展理念"是基于我国幅员辽阔、人口与资源不平衡的天然禀赋差异,基于自近代以来区域发展不平衡的历史,提出的由"局部领先"到"全局"均衡的全面发展。以协调发展理念为引领,"五位一体"的"硬实力"与"软实力"相结合,实施"西部大开发、东北等老工业基地振兴、中部地区崛起、东部地区优化"发展战略,实现生产要素跨区域自由流动的区域协调。实施"以城市群为主体构建大中小城市和小城镇协调发展的城镇格局,加快农业转移人口市民化"的一体化城乡协调发展,落实乡村振兴战略。

"三农"问题是关系国计民生的根本性问题,实施乡村振兴战略是从根本上解决"三农"问题的重要途径。回顾历史,中华人民共和国成立初期农业税与工农产品交换价格"剪刀差"成就了工业快速发展,改革开放后农村为国家经济高速发展贡献了劳动力与土地支持,与此同时却也拉开了城乡"不平衡"发展的差距。乡村振兴战略以"产业兴旺、生态宜居、乡风文明、治理有效、生活富裕"为总要求,将"中国美丽乡村"的新农村建设提升到全面振兴的发展战略高度。振兴乡村战略核心是建设农业农村现代化,以深化"三权分置"改革农村土地制度为切入点,释放了劳动力资源弥补国家发展日益丧失的人口红利,整合土地实行大规模农业机械现代化,以此为基础发展第一、第二、第三产业融合的农民富裕之路,构建了以农业现代化为基础的中国特色社会主义现代化强国的必由之路,实现了以农业发展补齐农民民生最后一块小康短板,同时实现了"留住了青山,记住了乡愁"的绿色可持续发展,从而系统解决"三农问题",可谓"一子落而满盘活"。

综上所述，全面建成社会主义现代化强国要在习近平新时代中国特色社会主义思想的指引下，贯彻"以人民为中心"的思想，落实新发展理念，通过一系列具体经济发展方略，实现全体人民"共同富裕"，到2050年胜利实现建设社会主义现代化强国之梦。

第三节　全面建成社会主义现代化强国的制度支撑

随着经济社会的发展，中国特色社会主义建设出现了许多新情况、新特点。科学技术创新、生产力发展推动了经济全球化进程。中国特色社会主义建设在取得巨大成就的同时，也出现了贫富分化、权力寻租等问题，全面深化改革进入了攻坚期与深水区，全面推进国家治理体系和治理能力现代化进入了转型期。要正确理解上述发展现状，从本质再到现象，再回归到现实，认清建成现代化强国的社会主义制度优越性。

马克思主义对人类社会历史发展规律的理论，认为社会主义是高于资本主义的历史发展阶段，经济现代化的发展与竞争实质是两种制度的竞争，我国全面建设社会主义现代化国家必然是基于中国特色社会主义制度有别于西方资本主义制度的本质及先进性优势，从而实现经济发展对西方发达国家的赶超。经济方面，在全球低迷的总体经济环境中，我国仍处于中高速发展的事实证明，以公有制为主体的中国特色社会主义市场经济体制，能更有效地实现了国家宏观调控经济能力，是社会主义经济制度"经世济民"本质优越性的表现。政治方面，我国在动荡的世界环境中维持了超强的社会稳定性，是社会主义政治"人民民主"的民主本质优越性的表现。文化方面，习近平从以"民"为本的"中华文明基体论"出发，形成"平等公正"的社会主义核心价值观，凝聚了中国力量，使中国特色社会主义建设事业蒸蒸日上。

人民民主政治制度

社会主义人民民主体现了人民有序参与国家治理决策的民主本质内涵，具有"为了人民"与"依靠人民"的目的与动力的归一性，是现代化建设社会主义性质的根本保证，为现代化建设提供了强大能动性。

党的十七大强调"人民民主是社会主义的生命"，第一次阐述了中国特色社会主义政治发展道路的科学内涵，这就是"坚持党的领导、人民当家做主、依法治国有机统一，坚持和完善人民代表大会制度、中国共产党领导的多党合作和政治协商制度、民族区域自治制度以及基层群众自治制度，不断推进社会主义政治制度自我完善和发展"。民主是指"人民的统治"，回归民主的本义，卢梭提出：民主的真谛在人民主权，国家主权属于全体人民。从民主价值追求层面来说，民主就是主权在民，一切权力来自人民、为了人民，人民对自己的公共事务自己做主。习近平总书记在庆祝中国人民政治协商会议成立65周年大会上讲话指出："人民是否享有民主权利，要看人民有没有进行民主决策、民主管理、民主监督的权利。"中国特色社会主义政治发展道路的核心是通过建立中国特色社会主义民主制度，实现人民当家做主。

习近平总书记明确强调"中国共产党的领导是中国特色社会主义最本质的特征"。从国家权力结构看，我国实行"议行合一"和"民主集中"的权力运行体制，呈现一种"以党领政"的治理结构。全国人民代表大会拥有立法权，国务院行使行政权，最高人民检察院和最高人民法院行使司法权，最具特色的是三权之上党中央掌握领导权，中国共产党的领导是中国特色社会主义最本质特征和最大制度优势。中国社会主义制度的建立消灭了阶级对立，人民的意志和利益是根本一致的，中国共产党执政没有私利，而是高效整合了不同社会阶层"最大公约数"的共同利益，统一了国家长远利益、社会整体利益与个人权利利益,保证了现代化建设的长期稳定发展。中国共产党领导具有强大的行政整合能力,分工不分家,形成了议行合一的高效政府。汶川地震后,八方救援,"中国速度""中国力量""中国精神",成为很多国外媒体关注的热点话题,他们惊讶于中国政府对灾难的反应,惊叹于中国政府处理危机的公关能力。从1981年到2004年,中国贫困人口的绝对数量从6.25亿降至1.35亿,5亿多人摆脱了贫困。而在同一时期,全球发展中国家贫困人口的绝对数量只减少了4亿。换言之,如果排除中国,发展中国家贫困人口数量不仅没有减少,反倒增加了。世界银行的一份报告赞道:中国在如此短的时间内使得如此多的人摆脱了贫困,对于全人类来说这是史无前例的。中国行政高效的秘诀在于,既依现代政治之精密组织原则,设立各种分工严密、灵活多样的政治组织,以适应现代社会日趋分散、多元的特点;同时又以中国共产党坚强、广泛、柔性的领导贯穿其中,以克服现代社会不相统属、相互分离、相互掣肘的弊端,从而形成一个既灵活又高效的政治体制。

作为国家根本政治制度的人民代表大会制度、作为国家基本政治制度的中国共产党领导的多党合作和政治协商制度,是我国最重要的两项民主制度。我国全国人民代表大会拥有修改宪法,监督宪法实施的权力,中国共产党依宪执政,这就意味着共产党要依照人民的意愿执政。这是中国政治发展道路重要的特点和优势——真正实现了人民民主。我国实行中国共产党领导的多党合作与政治协商制度。中国共产党是执政党,统揽全局、协调各方,各民主党派是参政党,履行政治协商、民主监督、参政议政的职能,2017年全国政协共提案5210件,涉及供给侧结构性改革、治理雾霾、改善民生等方方面面的内容,各民主党派充分发挥了参政议政的作用。协商式民主,体现了人民利益至上与包容的公共精神,有利于形成稳定的社会政治局面。民主集中制下的人民民主专政,一方面,能够保证个人的各项民主权利,促进个人的全面发展;另一方面,又能够实现在党的统一领导下调动全国各族人民的积极性，共同推进国家的各项改革事业，实现全面建设社会主义现代化国家。

以公有制为主体的基本经济制度

公有制为主体的基本经济制度保证国家以"经世济民"为目的行使"国家自主权"。公有制与非公有制协同发展是驱动经济持续高速增长并超越西方发达国家的特色优势。从新结构经济学的视角分析中国经济发展的内在逻辑：国家以"公有制"的形式实现对基础战略性经济资源和支柱产业的有效掌控，使国家有能力将资本直接投资于基础设施建设，降低外部性交易成本；同时有能力主导制度安排，引导非公有制微观企业对新兴技术产业自发配置资源，驱动产业升级，完成从"比较优势产业驱动经济高速增长"到"高新技术产业驱动经济持续增长"的转型与超越，是社会主义经济制度"集中力量办大事"优越性的经济学解读。

虽然我国经济发展起步晚、起点低，又经历了几十年的曲折发展过程，至今仍处于社会主义初级阶段。但 2008 年国际金融危机过后，我国经济仍处于中高速发展过程中，仍然是世界经济发展的主要推动力量。究其原因，在于中国特色社会主义市场经济制度具有巨大优势。虽然市场经济体制与混合经济制度是当前中西方经济所共有的特征，但以公有制为主体的中国特色社会主义市场经济体制和更有效的国家调控经济能力，是社会主义制度区别于资本主义制度的本质表现。

建成社会主义现代化强国的制度发展

社会主义制度的自我完善能力具有独特的优势，与社会主义初级阶段生产力发展相对落后于生产关系的阶段性特征相适应，新时代要更加注重上层建筑对经济基础的反作用，加强制度建设与完善，推动以政治、经济制度相互联动与贯通为标志的制度不断成熟，实现政治、经济现代化。

政治方面,要着力推进国家治理体制和治理能力现代化建设。以完善协商式民主制度为切入点,推动国家治理体系现代化。以民主集中制为原则,加强中国共产党领导的多党合作和政治协商制度,发展多层次、多形式的协商式民主制度,是中国特色社会主义独特的制度优势,既保证了人民有效行使民主权利,又避免了多党竞争"否决型政体"导致的行政效率低下问题。以完善人民代表大会制度为切入点,发挥集体选拔和长期自觉选择培养的制度优势,提高政府选人用人能力,推动国家治理能力现代化。

经济方面,要市场与政府协同发力推动建立现代经济体系。以"使市场在资源配置中起决定性作用,同时更好地发挥政府的作用"为导向,以效率与公正的相对统一为原则,"有效市场"与"有为政府"协同发力推动建立现代经济体系。通过创新驱动产业升级,提高劳动力、科技、资金、人才的全要素生产率,实现经济高速增长转向高质量发展。

建成社会主义现代化强国的制度发展关键在于通过政治经济制度联动建设"全面"现代化。"五位一体"全面建设社会主义现代化要以国家治理的政治现代化为切入点,保证社会主义道路方向,提高政府治理中国特色社会主义市场经济的水平。推动实现"社会主义核心价值观引领"的文化现代化建设,实现"公平"与"效率"相统一的和谐社会现代化,实现"经济与环境协调发展"的生态现代化。

第四节 全面建成社会主义现代化强国的发展路径

党的十九大"两个阶段"战略设计,描绘了把我国建设成为经济富强、政治民主、文化文明、社会和谐、生态美丽的社会主义现代化强国的宏伟蓝图。蓝图已绘就,奋进正当时,宏伟愿景的实现,需要加强顶层设计和政策制定，采取有力措施，扎实推进社会主义现代化强国建设。

贯彻新发展理念，建设现代化经济体系

全面建设社会主义现代化强国，必须牢牢把握经济建设这个中心，坚定不移把发展作为党执政兴国的第一要务，以"创新、协调、绿色、开放、共享"新发展理念为引领，加快建设现代化经济体系，推动经济持续健康发展，为解决新时代人民日益增长的美好生活需要和不平衡不充分的发展之间的社会矛盾奠定经济基础。

建设现代化经济体系必须立足于经济发展新常态大背景，坚持质量第一、效益优先，以供给侧结构性改革为主线，推动经济发展质量变革、效率变革、动力变革，提高全要素生产率，着力加快建设实体经济、科技创新、现代金融、人力资源协同发展的产业体系，着力构建市场机制有效、微观主体有活力、宏观调控有度的经济体制，不断增强我国经济创新力和竞争力。

一要深化供给侧结构性改革。建设现代化经济体系，必须把发展经济的着力点放在实体经济上，把提高供给体系质量作为主攻方向，显著增强我国经济质量优势。要加快建设制造强国，推动产业优化升级；要在中高端消费等领域培育新增长点、形成新动能；要坚持去产能、去库存、去杠杆、降成本、补短板，优化存量资源配置，扩大优质增量供给，实现供需动态平衡。

二要加快建设创新型国家。创新是引领发展的第一动力，是建设现代化经济体系的战略支撑。要瞄准世界科技前沿，强化基础研究，实现前瞻性基础研究、引领性原创成果重大突破，为建设科技强国、质量强国、航天强国、网络强国、交通强国、数字中国、智慧社会提供有力支撑，深入实施创新驱动战略，努力实现到2035年跻身创新型国家前列。

三要实施乡村振兴战略。农业农村农民的"三农"问题是关系国计民生的根本性问题,必须始终把解决好"三农"问题作为国家工作重中之重。要坚持农业农村优先发展,按照产业兴旺、生态宜居、乡风文明、治理有效、生活富裕的总要求,建立健全城乡融合发展体制机制和政策体系,加快推进农业农村现代化。完善农村集体产权制度和"三权"分置经营承包制度;确保国家粮食安全;构建第一、第二、第三产业融合的现代农业产业体系、多种形式适度规模经营的现代农业生产体系、农业社会化服务的经营体系;健全乡村治理体系,建设社会主义新农村。

四要实施区域协调发展战略。加大力度支持革命老区、民族地区、边疆地区、贫困地区加快发展,构建西部大开发、东北老工业基地振兴、中部地区崛起、东部地区优先发展的区域协调发展新格局;以城市群为主体构建大中小城市和小城镇协调发展的新型城镇化,加快农业转移人口市民化;推动京津冀协同发展,雄安新区建设,长江经济带发展;支持资源型地区经济转型发展,加快建设海洋强国。

五要加快完善社会主义市场经济体制。以完善产权制度和要素市场化配置为重点,实现产权有效激励、要素自由流动、价格反应灵活、竞争公平有序、企业优胜劣汰。要坚持和完善我国社会主义基本经济制度和分配制度,毫不动摇巩固和发展公有制经济,毫不动摇鼓励支持引导非公有制经济发展,完善国有资产管理、优化国有经济布局、深化国有企业改革;完善市场监管体制、创新和完善宏观调控、完善促进消费的体制机制、深化财政、税收、金融体制改革。

六要推动形成全面开放新格局。开放带来进步,封闭必然落后。中国开放的大门不会关闭,只会越开越大。要遵循共商共建共享原则,以"一带一路"倡议为重点,形成陆海内外联动、东西双向互济的开放格局。培育贸易新业态、新模式,实行高水平的贸易和投资自由化、便利化政策,加大西部开放力度,探索建设自由贸易港,创新贸易、投融资、生产、服务对外投资方式。

健全人民当家做主制度体系，发展社会主义民主政治

建设社会主义政治现代化强国，必须深刻认识并坚持以人民当家做主为本质特征的中国社会主义民主政治，坚持走中国特色社会主义政治发展道路。我国是工人阶级领导的、以工农联盟为基础的人民民主专政的社会主义国家，国家一切权力属于人民。我国社会主义民主是维护人民根本利益的最广泛、最真实、最管用的民主。中国特色社会主义政治发展道路是历史逻辑、理论逻辑、实践逻辑的统一，是坚持党的本质属性、践行党的根本宗旨的必然要求。要积极稳妥地推进社会主义民主政治制度化、规范化、法治化、程序化改革。

一要坚持党的领导、人民当家做主、依法治国有机统一的中国特色社会主义政治道路。党的领导是人民当家做主和依法治国的根本保证，人民当家做主是社会主义民主政治的本质特征，依法治国是党领导人民治理国家的基本方式，三者是相辅相成的有机整体，其中最根本的是坚持党的领导，中国特色社会主义最本质的特征是中国共产党领导，中国特色社会主义制度的最大优势是中国共产党领导。党政军民学，东西南北中，党是领导一切的。中国共产党要坚持"以人民为中心"的思想，加强国家治理体系和治理能力的现代化建设，实现党依法治国、依法决策，人民依法实行民主选举、民主协商、民主决策、民主管理、民主监督。二要加强人民当家做主制度保障。人民代表大会制度是我国的政体和根本政治制度，是坚持党的领导、人民当家做主、依法治国有机统一的根本政治制度安排。要坚持民主集中制，发挥人大及其常委会在立法工作中的主导作用，健全人大组织制度和工作制度。三要发挥社会主义协商民主的重要作用。协商民主是实现党的领导的重要方式，是我国社会主义民主政治的特有形式和独特优势。要推动协商民主广泛、多层、制度化发展。四要深化依法治国实践。"法律是治国之重器，良法是善治之前提"，要完善以宪法为核心的中国特色社会主义法律体系，加强宪法实施和监督，维护宪法权威。推进科学立法、严格执法、公正司法、全民守法；坚持法治国家、法治政府、法治社会一体建设。五要深化政治体制改革。围绕着推进国家治理体系和治理能力的现代化建设，完善政治体制机制，实现党、国家、社会各项治理制度化、规范化、程序化。统筹考虑各类机构设置，科学配置党政部门及内设机构权力、明确职责。统筹使用各类编制资源，形成科学合理的管理体制，完善国家机构组织法。深化行政体制改革，转变政府职能，深化简政放权，创新监管方式，增强政府公信力和执行力，建设人民满意的服务型政府。赋予省级及以下政府更多自主权，推进政事分开、事企分开、管办分离。六要巩固和发展爱国统一战线。统一战线是党的事业取得胜利的重要法宝，要高举爱国主义、社会主义旗帜，找到最大公约数，画出最大同心圆。坚持"长期共存、互相监督、肝胆相照、荣辱与共"的多党合作和政治协商制度的基本方针；深化民族团结进步教育，铸牢中华民族共同体意识；贯彻党的宗教工作基本方针，坚持我国宗教的中国化方向；发挥党外知识分子和新的社会阶层人士在中国特色社会主义事业中的重要作用；构建清新型政商关系，促进非公有制经济健康发展和非公有制经济人士健康成长；广泛团结联系海外侨胞和归侨侨眷，共同致力于中华民族伟大复兴。

坚定文化自信，推动社会主义文化繁荣兴盛

文化是一个国家、一个民族的灵魂。文化兴国运兴，文化强民族强。没有高度的文化自信，没有文化的繁荣兴盛，就没有中华民族伟大复兴。要坚持中国特色社会主义文化发展道路，激发全民族文化创新创造活力，建设社会主义文化强国。要弘扬中国优秀传统文化和社会主义先进文化，发展面向现代化、面向世界、面向未来的，民族的、科学的、大众的社会主义文化，坚定文化自信，提升文化软实力，建设社会主义文化强国。

一要牢牢掌握意识形态工作领导权，培养文化自信，提升文化软实力。意识形态决定文化前进方向和发展道路。必须推进马克思主义中国化、时代化、大众化,建设具有强大凝聚力和引领力的社会主义意识形态,使全体人民在理想信念、价值理念、道德观念上紧紧团结在一起。要构建中国特色哲学社会科学,加强中国特色新型智库建设,高度重视舆论传播,加强互联网内容建设。二要培育和践行社会主义核心价值观。社会主义核心价值观是当代中国精神的集中体现,凝结着全体人民共同的价值追求。要以培养担当民族复兴大任的时代新人为着眼点,倡导富强、民主、文明、和谐的国家层面价值观;自由、平等、公正、法治的社会层面价值观;爱国、敬业、诚信、友善的公民个人层面价值观。把社会主义核心价值观融入社会发展各方面,转化为人们的情感认同和行为习惯。三要加强思想道德建设。人民有信仰,国家有力量,民族有希望。要提高人民思想觉悟、道德水准、文明素养,提高全社会文明程度。广泛开展理想信念、爱国主义、集体主义、社会主义教育,引导人们树立正确的历史观、民族观、国家观、文化观。四要繁荣发展社会主义文艺。社会主义文艺是人民的文艺,必须坚持以人民为中心的创作导向,坚持思想精深、艺术精湛、制作精良相统一;发扬学术民主、艺术民主,提升文艺原创力,推动文艺创新;倡导讲品位、讲格调、讲责任,抵制低俗、庸俗、媚俗;加强文艺队伍建设,造就一大批德艺双馨名家大师,培育一大批高水平创作人才。五要推动文化事业和文化产业发展。深化文化体制改革,完善文化管理体制,加快构建把社会效益放在首位、社会效益和经济效益相统一的体制机制。

提高保障和改善民生水平,加强和创新社会治理

带领人民创造美好生活,是我们党矢志不渝的奋斗目标。必须始终把人民利益摆在至高无上的地位,让改革发展成果更多更公平惠及全体人民,朝着实现全体人民共同富裕不断迈进。抓住人民最关心、最直接、最现实的利益问题,一件事情接着一件事情办,一年接着一年干。不断满足人民日益增长的美好生活需要，不断促进社会公平正义，形成有效的社会治理、良好的社会秩序，使人民获得感、幸福感、安全感更加充实、更有保障、更可持续。

一要优先发展教育事业。建设教育强国是中华民族伟大复兴的基础工程，必须把教育事业放在优先位置，加快教育现代化，办好人民满意的教育。要全面贯彻党的教育方针，落实立德树人根本任务，发展素质教育，推进教育公平，培养德、智、体、美全面发展的社会主义建设者和接班人。推动城乡义务教育一体化发展，办好各阶段、各层次教育，加快建设学习型社会，大力提高国民素质。二要提高就业质量和人民收入水平。就业是最大的民生，要坚持就业优先战略和积极就业政策，实现更高质量和更充分就业。坚持在经济增长的同时实现居民收入同步增长、在劳动生产率提高的同时实现劳动报酬同步提高。拓宽居民劳动收入和财产性收入渠道。履行好政府再分配调节职能，加快推进基本公共服务均等化，缩小收入分配差距。三要加强社会保障体系建设。按照兜底线、织密网、建机制的要求，全面建成覆盖全民、城乡统筹、权责清晰、保障适度、可持续的多层次社会保障体系。全面实施全民参保计划，统筹城乡社会救助体系，坚持房子是用来住的、不是用来炒的定位，加快建立多主体供给、多渠道保障、租购并举的住房制度，让全体人民住有所居。四要坚决打赢脱贫攻坚战。要通过精准扶贫、精准脱贫政策，避免贫富两极分化，满足每一位公民的基本生存与发展的权利，为弱势群体提供充足的社会福利保障。实现"一个都不能少"的全面小康，开展"精准扶贫、精准脱贫"决胜小康社会的最后一公里，为建设社会主义现代化强国奠定实现"共同富裕"的基础。坚持实施"五个一批"工程，做好发展生产脱贫一批，易地搬迁脱贫一批，生态补偿脱贫一批，发展教育脱贫一批，社会保障兜底一批。注重扶贫同扶志、扶智相结合，深入实施东西部扶贫协作，重点攻克深度贫困地区脱贫任务，确保到2020年我国现行标准下农村贫困人口实现脱贫，贫困县全部摘帽，解决区域性整体贫困，做到脱真贫、真脱贫。五要实施健康中国战略。人民健康是民族昌盛和国家富强的重要标志。要完善国民健康政策，为人民群众提供全方位全周期健康服务。要全面建立中国特色基本医疗卫生制度、医疗保障制度和优质高效的医疗卫生服务体系；加强基层医疗卫生服务体系和全科医生队伍建设；全面取消以药养医，健全药品供应保障制度；深入开展爱国卫生运动，倡导健康文明生活方式；实施食品安全战略，让人民吃得放心；传承发展中医药事业，发展健康产业；加强人口发展战略研究，落实生育政策，应对人口老龄化。六要打造共建、共治、共享的社会治理格局。加强社会治理制度建设，完善党委领导、政府负责、社会协同、公众参与、法治保障的社会治理体制，提高社会治理社会化、法治化、智能化、专业化水平。七要有效维护国家安全。国家安全是安邦定国的重要基石，维护国家安全是全国各族人民根本利益所在。要完善国家安全战略和国家安全政策，坚决维护国家政治安全，统筹推进各项安全工作。

加快生态文明体制改革，建设美丽中国

人与自然是生命共同体，必须树立尊重自然、顺应自然、保护自然的生态文明理念，建立人与自然和谐共生的现代化。必须坚持节约优先、保护优先、自然恢复为主的方针，形成节约资源和保护环境的空间格局、产业结构、生产方式、生活方式，还自然以宁静、和谐、美丽。坚持"既要绿水青山，也要金山银山。宁要绿水青山，不要金山银山，而且绿水青山就是金山银山"的发展观。

一要推进绿色发展。建立绿色低碳循环发展的经济体系。二要着力解决突出的环境问题。开展大气污染和水污染防治、土壤污染治理，积极参与全球环境治理，落实减排承诺。三要加大生态系统保护力度。实施重要生态系统保护和修复重大工程，优化生态安全屏障体系，构建生态廊道和生物多样性保护网络，提升生态系统质量和稳定性。四要改革生态环境监管体制。加强对生态文明建设的总体设计和组织领导，完善生态环境管理制度，构建国土空间开发保护制度，坚决制止和惩处破坏生态环境行为。

"行百里者半九十。"全面建设社会主义现代化强国是我们党对人民、对历史作出的庄严承诺。遵循全面建设社会主义现代化强国的发展路径，全国人民勠力同心，奋力夺取社会主义现代化建设伟大胜利。

第五节　全面建成社会主义现代化强国的理论与实践意义

全面建设社会主义现代化强国探索并创新了维护中央权威的传统性与发扬民主的现代性辩证统一的中国共产党执政规律；政治上"由党治引领国治"、经济上"民富国强平衡发展"的中国特色社会主义建设规律；共同富裕基础上向"人的自由而全面发展"迈进的人类社会发展规律。习近平中国特色社会主义的现代化发展观，在全球化、信息化的国际背景下，在国内深层矛盾错综复杂纠结的新形势下，在国内外发展因素联动影响的大逻辑下，以多维视角、开放理念，开辟了治国理政实践的全新境界，具有鲜明的开拓创新性、全面多维性和开放包容性特征。

全面建设社会主义现代化强国的理论意义

全面建设社会主义现代化强国理论，发展了马克思主义关于社会基本矛盾及其运动规律的基本观点。习近平新时代中国特色社会主义现代化发展观创新了马克思关于人类社会发展规律的基本观点。马克思认为，人类社会发展的基本规律是由生产力与生产关系、经济基础与上层建筑的矛盾运动推动的，这一规律同样适用于我国社会主义初级阶段的发展。习近平的矛盾认识论具有时代创新性，将"落后社会生产"的生产力发展水平标准，拓展为"不平衡不充分"的综合发展状况标准，以更为全面的视角发展了马克思主义关于生产力的认识。经济基础决定上层建筑，上层建筑反作用于经济基础的辩证统一关系也是马克思主义的重要基本观点，我国社会主义初级阶段生产力发展相对落后于生产关系的特殊性是中国特色社会主义的重要理论基础，习近平深刻认识到了这一历史阶段的特殊性，更加强调作为上层建筑的政治制度与国家治理能力对经济基础的反作用力，通过国家治理水平和治理能力现代化，发挥生产关系的先进性，提高生产力，体现了尊重客观规律与发挥主观能动性的有机统一，进一步丰富了马克思主义关于人类历史发展规律的基本认识，是与中国社会发展实际紧密结合的马克思主义中国化理论创新。

在实践中创新运用了马克思主义方法论。恩格斯指出："马克思的整个世界观不是教义，而是方法。"[①] 马克思主义是世界观和方法论的有机统一，习近平中国特色社会主义现代化发展观在实践中创新运用了马克思主义方法论。坚持普遍性与特殊性相结合的认识方法，实事求是地分析社会主义初级阶段新时代的基本国情；坚持问题导向的辩证唯物主义认识方法，明确了新时代的社会主要矛盾；坚持系统性认识方法，提出了中国特色社会主义现代化建设的总任务是"富强、民主、文明、和谐、美丽"的"五位一体"发展；坚持历史唯物主义认识方法，置身于500年世界社会主义发展史，立足于社会主义初级阶段新时代中国特色社会主义建设实际，提出全面实现"共同富裕"的现代化发展进程。马克思主义不仅是认识世界的哲学，更是改造世界的哲学，实践性是马克思唯物主义哲学区别于其他哲学的首要特征。习近平新时代中国特色社会主义现代化发展观，基于"一穷二白"的后发国家建设实际，依靠自力更生的内生动力，充分发挥社会主义政治经济制度的优越性，成功探索了中国特色社会主义现代化

---

① ［德］马克思、恩格斯：《马克思恩格斯选集》（第四卷），中共中央马克思恩格斯列宁斯大林著作编译局1995年版，第742页。

实现路径，实现了独立自主与现代化的归一。不同于西方现代化发展实质，中国特色社会主义现代化的本质是在"共同富裕"的基础上实现"人的自由而全面发展"，进而实现"人类命运共同体"的世界大同的现代化，创新了人类社会发展实践的新高度。

习近平新时代中国特色社会主义现代化发展观，继承和发扬了马克思主义与时俱进的理论品格，为马克思主义中国化理论做出了原创性贡献，将这一理论推向了新高度和新起点，具有里程碑式的重大理论意义；通过中国特色的社会主义现代化发展道路实现中华民族的伟大复兴，是中国特色社会主义现代化建设的行动指南，具有重大的实践建设指导意义；探索了人类社会发展规律，具有重大的方法论创新意义。

全面建设社会主义现代化强国的实践意义

习近平社会主义现代化发展观具有开拓创新性。习近平新时代中国特色社会主义现代化发展观拓展了对"共产党执政规律、社会主义建设规律、人类社会发展规律"的新认识。关于中国共产党执政规律的探索，集中体现于符合中国自然与人文历史特点的中国特色社会主义现代民主政治观。中国国土面积排名世界第3位，拥有全世界1/4的人口，稳定性是政治发展的首要任务。数千年大一统思想是中国政治传统，"以人民为中心"是中国共产党执政之基础，维护中央权威的传统性与发扬民主的现代性辩证统一是中国共产党执政的重要规律。习近平治国理政在反腐取得压倒性胜利实践的基础上，着手进行国家监察体制改革，将反腐导向制度化建设，通过锻造中国共产党的先进性，形成了全心全意代表人民执政的政党先进性与特色民主政治。对于社会主义建设规律的进一步探索，集中地体现于中国特色社会主义现代化经济建设观。习近平以求真务实的政治品质和勇于担当的历史责任感提出经济发展新常态的大逻辑，通过创新驱动发展战略引领产业升级增强持续发展动力，通过供给侧结构性改革满足高质量消费需求做大国内消费市场,双力并发实现换挡升级不减速,成功地探索了发展中国家独立自主建设现代化经济的新路径。关于人类社会发展规律的探索,着眼于解决"发展起来以后的问题",致力于实现全体人民的共同富裕,探索实现人类摆脱物的依附性实现"自由而全面发展",揭示了人类文明的本质和发展趋向,开辟了马克思科学社会主义理论的新境界与共产主义事业的新实践。

习近平社会主义现代化发展观具有全面多维性。对于社会发展阶段及其根本动力的认识是马克思主义现代化理论的核心。在人类社会发展五个阶段划分中,马克思将资本主义社会和共产主义社会划分为现代工业社会的范畴。习近平新时代中国特色社会主义现代化发展观的核心,是坚持工业化与民主化的发展主方向,但旗帜鲜明地否定了西方以"自由民主政治"和"新自由主义经济"为核心的现代化发展道路,并进一步拓展了毛泽东、邓小平基于不同时代背景,偏重于对西方发达国家实现经济赶超的现代化发展观,在坚持工业化发展的思想基础上,结合全球化背景和新时代特征提出了"坚持走中国特色新型工业化、信息化、城镇化、农业现代化道路",提出"到2050年把我国建成富强、民主、文明、和谐、美丽的社会主义现代化强国"的宏伟蓝图,以"五位一体"的全面多维角度,不断扩展对中国特色社会主义现代化的认识广度。在实践探索中,习近平回归马克思、恩格斯"人的依赖—物人依赖—人的自由而全面发展"的现代化发展进程,不断推进共同富裕经济基础上,实现人民当家做主的政治参与、文化自信基础上的高度文明、社会和谐民生幸福、人与自然和谐共生的通往共产主义现代化的发展道路。习近平新时代中国特色社会主义现代化发展观,不局限于经济现代化的狭义范畴,而是以更加宽泛的全球化视野提出中国特色社会主义全方位、多维度发展的现代化理论,继往开来、与时俱进地拓展了马克思主义现代化发展观。

习近平社会主义现代化发展观具有开放包容性。习近平新时代中国特色社会主义现代化发展观,以全球视野正确认识到在世界大发展、大变革时期人类面临的共同挑战，谋求建设以"持久和平、普遍安全、共同繁荣、开放包容、清洁美丽"为重要特征的"人类命运共同体"。把握人类历史发展长河的全人类共同解放走向，全面否定了人类历史发展将终结于西方自由民主制的"历史终结论"，否定了人类文明以西方为中心扩散的"西方中心论"，否定了不同文明间必然对立冲突的"文明冲突论"，否定了修昔底德陷阱的强国必霸论。在世界上高举起了中国特色社会主义伟大旗帜，独立自主地成功探索了一条基于东方文明与发展中国家国情的，有别于西方建立在殖民扩张基础上的独立自主现代化发展之路，是基于后发条件的发展中国家在独立自主的前提下，实现加快发展的全新选择方案，是解决人类共同面临的发展问题的中国式智慧破解路径。

第三章

社会主义现代化蕴含的"以民为本"思想

正确理解社会主义现代化建设的科学内涵，切实贯彻全面建成小康社会的发展战略，必须深入理解全面小康是立足于全体人民幸福生活的小康社会，深刻理解全面建成小康社会"以民为本"的思想基础。

党的第十八届中共中央政治局常委与中外记者见面时，习近平总书记说："我们的人民热爱生活，期盼有更好的教育、更稳定的工作、更满意的收入、更可靠的社会保障、更高水平的医疗卫生服务、更舒适的居住条件、更优美的环境，期盼着孩子们能成长得更好、工作得更好、生活得更好。人民对美好生活的向往，就是我们的奋斗目标。"全面建成小康社会以人民的生活幸福为出发点和落脚点，以促进人的全面发展为最终目标。以马克思主义促进人的全面而自由发展为价值导向，由单一"国家经济发展指标的小康"转向了"提高人民生活幸福指数的小康"。全面建成小康社会回应了人民的期待，把人民对美好生活的向往作为党的奋斗目标，体现了中国共产党坚定的人民立场与全心全意为人民服务的政治品格。

第一节 人民与"以民为本"

中国数千年封建帝王统治,积累了一条重要的政治经验——"以民为本"。《管子·牧民》载云:"政之所兴在顺民心,政之所废在逆民心",民心关乎政权兴衰,正所谓"君,舟也;民,水也。水能载舟,亦能覆舟","得民心者得天下",中国封建社会的历史,就是一部民心得失、朝代更替的兴衰史。自古明君盛世、贤臣鸿儒都以民为重,《尚书·夏书·五子之歌》有云,"皇祖有训,民可近,不可下;民惟邦本,本固邦宁",《尚书·周书·泰誓》中周武有云,"天视自我民视,天听自我民听",孟子有云"民为贵,社稷次之,君为轻",商鞅以"奖励耕织,奖励军功"为核心的实施变法,为秦之大统奠定了生产力的基础。而秦于二世亡也忽焉,根本原因也正是源于轻民思想,"仁义不施而攻守之势异也"。

马克思主义是中国特色社会主义建设的指导思想,按照马克思的观点,人民是一个历史范畴,在不同的国家和不同的历史时期,有着不同的所指。在阶级社会中,"人民"是相对于一切凌驾于劳动者之上的剥削者、压迫者和反动势力而言的。而人类的历史也是人民创造的历史,这就意味着,人创造了自己的历史,而人自身的创造活动的过程就构成了历史自身发展的规律,即从"人对人的依附性"的存在,到"以物的依赖性为基础的人的独立性"的存在,再到以"每个人的自由发展为条件的一切人的自由而全面的发展",这就是人类历史发展的内在规律。

中国共产党自成立以来,始终坚持人民的利益高于一切。新民主主义革命中,中国共产党正是站在人民的立场上,带领广大劳动者推翻了帝国主义、封建主义和官僚资本主义三座大山,建立起中华人民共和国。在新民主主义社会过渡时期,人民的主体范围主要由工人阶级、农民阶级、城市小资产阶级和民族资产阶级构成。新民主主义社会过渡时期,通过对农业、手工业,特别是资本主义工商业的社会主义改造,彻底消灭了阶级对立,将各社会阶级统一改造为社会主义劳动者,确立了社会主义制度,实现了全体劳动人民当家做主,实行人民民主专政。党的十一届三中全会后,随着改革开放,我国的人民利益主体已经发展成为包括全体社会主义劳动者、拥护社会主义的爱国者和拥护祖国统一的爱国者在内的最广泛的联盟。随着社会主义市场经济的不断发展,我国出现了新的社会阶层,包括民营科技企业的创业人员和技术人员、受聘于外资企业的管理技术人员、个体户、私营企业主、中介组织从业人员、自由职业人员等。他们中的大多数人是从工人、农民、知识分子和干部队伍中分离出来的,他们都是中国特色社会主义事业的建设者,都是人民不可分割的组成部分。全面建成小康社会的民本性,在当代就集中体现在发展要依靠以工人、农民、知识分子等劳动者为主体,包括社会各阶层在内的全体社会主义劳动者,发展更要为了最广大范围内的全体人民。

　　以民为本是中国特色社会主义区别于资本主义的本质特征。习近平总书记强调:"中国特色社会主义,是科学社会主义理论逻辑和中国社会发展历史逻辑的辩证统一,是根植于中国大地、反映中国人民意愿、适应中国和时代发展进步要求的科学社会主义。"[①] 中国特色社会主义特在哪里?中国特色社会主义特就特在其道路、理论体系、制度上,特就特在其实现途径、行动指南、根本保障的内在联系上,特就特在这三者统一于中国特色社会主义伟大实践上。在当代中国,坚持和发展中国特色社会主义,就是真正坚持社会主义。

　　中国特色社会主义道路就是既不走苏联模式的僵化封闭老路,也不走资本主义改旗易帜的邪路,而是坚持中国特色社会主义政治经济发展道路。中国特色社会主义政治道路是坚持中国共产党的领导、人

[①] 习近平:《习近平总书记系列讲话精神学习读本》,中共中央党校出版社2013年版,第195页。

民当家做主和依法治国有机统一。中国特色社会主义经济道路，是以社会主义公有制为基础，使市场在资源配置中起决定性作用，同时更好地发挥政府的作用，实现在相对落后建设基础上对发达国家的经济赶超。中国特色社会主义理论体系是以马克思主义理论为指导的，与中国传统文化相结合，同时吸收借鉴人类优秀文明成果的理论体系，人民的立场是马克思主义最鲜明的本质特征。中国特色社会主义制度是在政治上，实行人民代表大会的根本政治制度和中国共产党领导的多党合作和政治协商制度、民族区域自治制度以及基层群众自治制度等一系列基本政治制度。在经济上，实行以生产资料公有制为主体，多种所有制经济共同发展的基本经济制度，以按劳分配为主体多种分配方式并存。

归根结底，中国特色社会主义体现于人民至上的核心价值观，公平正义地维护人民大众的利益，是中国共产党坚定地站在人民的立场上通过科学理论的指导、制定正确的发展战略，领导中国特色社会主义建设实现人民利益最大化。从人民的立场出发，为实现中国人民的具体利益执政，就是"中国特色"。

第二节　马克思恩格斯的无产阶级革命理论

马克思、恩格斯继承了古典启蒙思想家"人民主权说"的基本原则与合理内核，并进一步探索更彻底地实现无产阶级的人类解放，创立了马克思主义哲学、政治经济学和科学社会主义，三大理论组成部分始终贯穿着同一个逻辑主线，这就是始终站在无产阶级的立场，为全人类代言。

马克思主义哲学理论集中体现在《黑格尔法哲学批判》和《关于费尔巴哈的提纲》。马克思在《黑格尔法哲学批判》中指出"家庭和市民社会是国家的现实的构成部分，意志的现实的精神存在，它们是国家存在的方式"。阐明了人民才是国家真正创造者的"人民主权"思想。其后，在《关于费尔巴哈的提纲》中，马克思进一步提出了人的"类本质"的社会属性，阐明了人的本质是"一切社会关系的总和"，"社会生活在本质上是实践的"。阐明社会起源于劳动，劳动既是社会产生和存在的基础，又是社会发展的决定性因素。进而，提出"改变世界"的马克思主义哲学观，奠定了无产阶级解放斗争的理论依据。

马克思以《资本论》为代表的政治经济学，在对资本与劳动的对立分析中，基于无产阶级的立场，运用"合规律性与合目的性"相统一的方法，通过对剩余价值的剖析，揭示了资本主义社会化大生产与生产资料资本主义私人占有之间的基本社会矛盾，论证了资本主义必然灭亡的人类历史发展规律。"随着那些掠夺和垄断这一转化过程的全部利益的资本巨头不断减少，贫困、压迫、奴役、退化和剥削的程度不断加深，而日益壮大的、由资本主义生产过程本身的机构所训练、联合和组织起来的工人阶级的反抗也不断增长。资本的垄断成了与这种垄断一起并在这种垄断之下繁盛起来的生产方式的桎梏。生产资料的集中和劳动的社会化，达到了同它们的资本主义外壳不能相容的地步。这个外壳就要炸毁了。资本主义私有制的丧钟就要响了。"

马克思创立的科学社会主义更是直接吹响了无产阶级和全人类联合起来斗争，推翻剥削压迫，争取解放和自由的战斗号角。在《共产党宣言》中，马克思、恩格斯站在无产阶级立场上，明确提出："过去的一切运动都是少数人的或者为少数人谋利益的运动。无产阶级的运动是绝大多数人的、为绝大多数人谋利益的独立的运动。"最终要建立"这样一个联合体，在那里，每个人的自由发展是一切人的自由发展的条件"。号召"全世界无产者，联合起来！"

马克思主义世界观揭示了人类社会发展的一般规律，深刻地揭示了人从"人对人的依附性"的存在到"以物的依赖性为基础的人的独立性"的存在，再到以每个人的自由发展为条件的一切人的自由而全面的发展，实现"人类解放"。总结马克思主义的全部理论学说，就是站在无产阶级立场上的关于人类解放的学说。

列宁运用马克思主义理论指导社会主义革命实践，建立起人类历史上第一个社会主义政权——苏维埃社会主义共和国联盟，使社会主义从理论变为现实。此后，世界无产阶级解放运动蓬勃兴起，社会主义国家相继建立，人民日益自觉地成为历史的主体。从理论到实践，马克思主义最核心的理论精髓就是坚定的无产阶级立场和维护最广大人民利益的价值取向。

第三节　马克思主义中国化以民为本的革命与建设实践

毛泽东带领人民开天辟地，推翻了压在头上的帝国主义、封建主义和官僚资本主义三座大山，建立起人民民主专政的中华人民共和国。邓小平带领中国人民披荆斩棘，开创了中国特色社会主义发展道路。"以民为本"是贯穿于中国革命和建设实践的核心思想。习近平总书记基于马克思主义唯物史观总结出，从毛泽东同志关于共产党人必须全心全意为人民服务的重要思想，到邓小平同志关于必须把人民拥护不拥护、赞成不赞成、高兴不高兴、答应不答应作为衡量改革和一切事业根本标准的重要思想，到江泽民同志关于中国共产党必须始终代表最广大人民根本利益的重要思想，到胡锦涛同志关于必须把最广大人民的根本利益作为贯彻落实科学发展观的根本出发点和落脚点的重要思想，从中我们可以清楚地看到一条一脉相承又与时俱进的思想主线，这就是：始终站在人民大众立场上，一切为了人民、一切相信人民、一切依靠人民，诚心诚意为人民谋利益。

毛泽东人民群众观的理论与实践

毛泽东领导人民在新主主义革命和社会主义建设初步探索的实践

中，逐步开创了以群众路线为主要内容的"依靠人民"的思想，和以全心全意为人民服务为主要内容的"为了人民"的思想，都深刻地体现了其坚定的以民为本的思想理念。

毛泽东在领导中国革命和建设的过程中，把马克思主义基本原理与中国实际相结合，形成了特色鲜明的群众路线思想。1981 年党的十一届六中全会通过的《关于建国以来党的若干历史问题的决议》将群众路线明确表述为"一切为了群众，一切依靠群众，从群众中来，到群众中去"，并确定为毛泽东思想活的灵魂之一。

在建党初期、大革命时期和土地革命时期，毛泽东围绕着党和革命的依靠力量、党和军队的性质，以及党的工作方法等一系列重大问题，初步形成了群众观念。1922 年，中国共产党第二次代表大会制定《关于共产党的组织章程决议案》指出，"党的一切运动都必须深入广大的群众中去"。1925 年，毛泽东撰写《中国社会各阶级的分析》，明确回答了："谁是我们的敌人？谁是我们的朋友？"指出占人口绝大多数的农民是中国无产阶级最可靠的同盟军。1927 年，毛泽东在《湖南农民运动考察报告》中，充分肯定了农民在中国革命中的重要作用，此后又多次阐述"真正的铜墙铁壁是什么？是群众，是千百万真心实意地拥护革命的群众"。1927 年在井冈山革命根据地建设中，毛泽东"三大纪律、八项注意"鲜明地体现了与群众的鱼水深情。1928 年，中国共产党第六次代表大会《政治议决案》中提出，"党的总路线是争取群众，党要用一切力量去加紧团结收集统一无产阶级的群众"。1929 年，毛泽东为中国共产党红军第四军第九次代表大会撰写决议指出，"红军的打仗，不是单纯地为了打仗而打仗的，而是为了宣传群众、组织群众、武装群众，并帮助群众建立革命政权才去打仗的，离开了对群众的宣传、组织、武装和建设革命政权等项目标，就是失去了打仗的意义，也就失去了红军存在的意义"。1930 年，毛泽东在《反对本本主义》中，进一步指出，党的正确的斗争策略是在群众斗争中形成的。1934 年 1 月，毛泽东在江西瑞金召开的第二次全国工农兵代表大会上作了《关心群众生活，注意工作方法》的报告，指出："我们应该深刻地注意群众生活的问题……要使广大群众认识我们是代表他们的利益的，是和他们呼吸相通的。"

在抗日战争时期，毛泽东的群众路线思想不断成熟，创造性地运用马克思主义认识论，提出并系统地阐发了"从群众中来，到群众中去"的党工作的根本方法。1938年毛泽东在《论持久战》中明确提出"战争的伟力之最深厚的根源，存在于民众之中"。1938年，他在《抗战十五个月的总结》中再次强调："依靠民众则一切困难能够克服，任何强敌能够战胜，离开民众则将一事无成。"1938年，他在《中国共产党在民族战争中的地位》中指出："共产党员在民众运动中，应该是民众的朋友，而不是民众的上司，是诲人不倦的教师，而不是官僚主义的政客。共产党员无论何时何地都不应以个人利益放在第一位，而应以个人利益服从于民族的和人民群众的利益。"1942年，他在《经济问题与财政问题》中指出："一切空话都是无用的，必须给人民看得见的物质福利。""我们的第一个方面的工作并不是向人民要东西，而是给人民以东西"。1945年4月，毛泽东在党的七大上作了《论联合政府》的政治报告指出，"全心全意地为人民服务，一刻也不脱离群众；一切从人民的利益出发，而不是从个人或小集团的利益出发……"并把密切联系群众作为党的三大优良作风之一。1943年，毛泽东在《关于领导方法的若干问题》中指出："在我党的一切实际工作中，凡属正确的领导，必须是从群众中来，到群众中去。"这一时期，毛泽东的群众路线思想日臻成熟。

在中华人民共和国成立初期，毛泽东更加重视群众路线在社会主义建设中的重要作用。1962年，《在扩大的中央工作会议上的讲话》中，毛泽东指出："民主集中制的方法是一个群众路线的方法。先民主，后集中，从群众中来，到群众中去，领导同群众相结合。"对于在处理人民内部矛盾的问题上，毛泽东明确提出，"所谓正确处理人民内部矛盾问题，就是我党从来经常说的走群众路线的问题。共产党员要善于同群众商量办事，任何时候也不要离开群众"。① 对于反对形式主义，毛泽东指出，形式主义的实质就是"不同群众商量，关在房子里，作出害死人的主观主义的所谓政策"。② 对于官僚主义，毛泽东强调"人们的工作有所不同，职务有所不同，但是任何人不论官有多大，在人民中间都要以一个普通劳动者的姿态出现"。③

中国共产党践行马克思主义解放斗争学说，领导新民主主义革命取得胜利，走上社会主义道路，并进行社会主义建设，归根结底都是为了人民，是从劳动人民利益出发，实现劳动人民自我管理的伟大实践。1921年7月，中国共产党第一次全国代表大会通过的党的纲领就是"以无产阶级革命军队推翻资产阶级，由劳动阶级重建国家，直至消灭阶级差别"。1922年7月，中国共产党第二次全国代表大会明确提出了党的奋斗目标是"组织无产阶级，用阶级斗争的手段，建立劳农专政的政治，铲除私有财产制度，渐次达到一个共产主义的社会"。1944年9月5日，中央警卫团战士张思德在陕北安塞县石峡峪烧炭时不幸牺牲，毛泽东总结张思德身上所体现的中国共产党党员高尚的政治品质——为人民服务精神，于1944年9月8日发表了《为人民服务》的著名讲演，"我们的共产党和共产党所领导的八路军、新四军，是革命的队伍，我们这个队伍完全是为着解放人民的，是彻底地为人民的利益工作的"。他要求"全心全意为人民服务，一刻也不脱离群众；一切从人民的利益出发，而不是从个人或小集团的利益出发"。1945年中国共产党第七次全国代表大会将全心全意为人民服务作为"党的唯一宗旨"写进党章。

---

① 毛泽东：《毛泽东选集》（第四卷），人民出版社1991年版，第1438—1439页。

② 毛泽东：《毛泽东著作专题摘编》（上），中央文献出版社2003年版，第222页。

③ 毛泽东：《毛泽东著作专题摘编》（下），中央文献出版社2003年版，第2159页。

1949年10月1日，中华人民共和国成立，建立起了人民当家做主的人民民主专政的国家政权。《中华人民共和国宪法》（1954年）第18条规定，"一切国家机关工作人员必须效忠人民民主制度，服从宪法和法律，努力为人民服务"。1957年2月，毛泽东在《关于正确处理人民内部矛盾的问题》中明确提出，"国家机关必须依靠人民群众，国家机关工作人员必须为人民服务"。1957年9月，在中国共产党八届三中全会上，毛泽东对干部队伍提出了"又红又专"的要求。"红"就是指具有马克思主义世界观、坚定的无产阶级立场和高尚的道德品质，具体表现为全心全意为人民服务的思想。1960年5月27日，毛泽东在与来访的英国元帅蒙哥马利的谈话中说："一个领袖应该是绝大多数人的代言人。……这就是原则，他必须代表人民的愿望……他必须是为了人民的利益……" 1963年，毛泽东题词"向雷锋同志学习"，1966年号召向好党员、好干部焦裕禄学习，就是要学习他们全心全意为人民服务的精神。《中华人民共和国宪法》（1975年）第11条规定，"国家机关和工作人员，必须反对官僚主义，密切联系群众，全心全意为人民服务"。毛泽东全心全意为人民服务的思想，在社会主义建设初步探索时期，全面体现在党的领导与建设、干部选拔与培养等方方面面。

邓小平使人民满意的思想与中国特色社会主义道路探索

中华人民共和国成立之初，我国经济发展水平极低、"一穷二白"。"穷"是指国民整体贫困，人均GDP不足400美元。"白"是指我国工业与科技发展水平落后，百废待兴、百业待举。为了最大限度地集中有限资源投入社会主义经济建设，国家实行单一公有制和高度计划经济，优先发展重工业产业与基础设施建设，随后在社会主义初步探索时期又发生了重大失误、经历了重大挫折，因此，长期以来人民的生活水平提高缓慢。直至1978年改革开放前夕，我国人均GDP仍低于1000美元，物质生活尚且较为匮乏，人民对精神生活的需求更是无法得到满足。我国社会主义建设初期社会主要矛盾集中体现在，人民对于建立先进工业国的要求同落后的农业国的现实之间的矛盾，人民对于经济文化迅速发展的需要同当前经济文化不能满足人民需要的状况之间的矛盾。

党的十一届三中全会，在总结中华人民共和国成立以来历史经验的基础上，作出了将工作重心转移到经济上来的重大决策。邓小平从"底子薄、人口多、生产力落后"的现实国情出发，提出了我国还处于并将长期处于社会主义初级阶段的科学论断，并创造性地提出了社会主义市场经济理论，开启了社会主义改革开放的新征程，开创了中国特色社会主义理论，实现了马克思主义中国化的第二次历史性飞跃。中国特色社会主义实行以公有制为主体、多种所有制经济共同发展的社会主义初级阶段基本经济制度，实行按劳分配为主体、多种分配方式并存的分配制度。邓小平深情地说："我是中国人民的儿子，我深情地爱着我的祖国和人民。"并在中国特色社会社会主义道路的探索中，始终将"人民高兴不高兴，人民赞成不赞成，人民满意不满意，人民答应不答应"作为社会主义建设最根本的判断标准。

改革开放极大地激发了人民的生产积极性，中国特色社会主义建设取得了巨大成就，这是13亿中国人民取得的成就，也是为了13亿中国人民创造的成就。改革开放40年，中国国内生产总值年均实际增长9.8%，经济总量上升至世界第四位，综合国力迈上新台阶。经济发展的同时，人民生活水平也快速提升，全国城镇居民人均可支配收入实际增长6.5倍，农民人均纯收入实际增长6.3倍，农村贫困人口从7.7亿减少到2010年的1.66亿，人民生活总体上达到小康水平。政治体制改革不断深化，依法治国基本方略有效实施，人民当家做主权利得到更好保障。社会和谐稳定得到巩固和发展，城乡免费九年义务教育全面实现，高等教育总规模、大中小学在校生数量位居世界第一，就业规模持续扩大，覆盖城乡居民的社会保障体系初步形成，公共卫生服务体系和基本医疗服务体系不断健全，社会管理不断改进，社会大局保持稳定，人民从改革开放中真正获得了最大的实惠。

胡锦涛《在纪念党的十一届三中全会召开 30 周年大会上的讲话》中总结到，改革开放使"13 亿中国人民大踏步赶上了时代潮流，稳定走上了奔向富裕安康的广阔道路，中国特色社会主义充满蓬勃生机，为人类文明进步做出重大贡献的中华民族以前所未有的雄姿巍然屹立在世界东方"。

第四节　习近平"以人民为中心"思想指导的全面小康实践

从党的十八大到党的十九大，以习近平总书记为核心的党中央将"以人民为中心"作为执政的出发点、落脚点和基本遵循，坚持一切要依靠人民、一切要为了人民，发展的成果由人民共享。"以人民为中心"的思想是习近平最鲜明的执政特色，深刻体现在其执政观和发展观中。

习近平"执政为民"的治国理政观

人民是历史的创造者，是决定党和国家前途命运的根本力量。坚守执政为民，是中国共产党的执政之基础、力量之源泉和巨大的政治优势所在，如果不能从人民的利益出发，就不可能有执政的合法性和先进性；如果不能永远站在人民的立场上，就不能保持执政的长期性和稳固性。

"执政为民"是习近平总书记治国理政的核心理念，从"四个全面"布局谋篇，到"中国梦"的宏伟蓝图无不深刻体现了其"民惟邦本、本固邦宁"的执政为民思想。以习近平总书记为核心的党中央，坚持人民主体地位，坚持立党为公、执政为民，践行全心全意为人民服务的根本宗旨，把党的群众路线贯彻到治国理政全部活动之中,把人民对美好生活的向往作为奋斗目标,依靠人民创造历史伟业。习近平用"三个不能"表明共产党的执政理念,习近平总书记在庆祝中国共产党成立90周年大会讲话时强调,"我们必须把人民利益放在第一位,任何时候、任何情况下,与人民群众同呼吸共命运的立场不能变,全心全意为人民服务的宗旨不能忘,坚信群众是真正英雄的历史唯物主义观点不能丢"。中国共产党只有牢记"三个不能",才能坚定地站在人民的立场上立党执政。

2012年11月15日,习近平总书记在新一届中央常委记者见面会上强调,"人民是历史的创造者,群众是真正的英雄。人民群众是我们力量的源泉。我们一定要始终与人民心心相印、与人民同甘共苦、与人民团结奋斗,夙夜在公,勤勉工作,努力向历史、向人民交一份合格的答卷"。"我们的人民热爱生活,期盼有更好的教育、更稳定的工作、更满意的收入、更可靠的社会保障、更高水平的医疗卫生服务、更舒适的居住条件、更优美的环境,期盼孩子们能成长得更好、工作得更好、生活得更好。人民对美好生活的向往,就是我们的奋斗目标。"这是对人民期盼过上更美好、更幸福生活的积极回应,也是其为民执政的庄严的承诺。2013年6月22日至25日,中共中央政治局对照检查中央八项规定落实情况召开专门会议,习近平总书记讲话时强调,"中央政治局的同志必须有天下为公的宽阔胸襟,摒弃任何私心杂念,把为全中国人民谋利益作为自己唯一的追求"。这是对中国共产党为民执政的明确要求。2014年2月7日,习近平总书记在索契接受俄罗斯电视台记者专访时讲道,"我的执政理念,概括起来说就是为人民服务,担当起应该担当的责任"。这是习近平总书记个人,更是中国共产党为民执政的责任担当。2016年7月,习近平总书记在庆祝中国共产党成立95周年大会上的讲话时指出,"带领人民创造幸福生活,是我们党始终不渝的奋斗目标。我们要顺应人民群众对美好生活的向往,坚持以人民为中心的发展思想,以保障和改善民生为重点,发展各项社会事业,加大收入分配调节力度,打赢脱贫攻坚战,保证人民平等参与、平等发展权利,使改革发展成果更多更公平惠及全体人民,朝着实现全体人民共同富裕的目标稳步迈进"。2016年10月24日至27日,党的十八届六中全会,强调要坚持问政于民、问需于民、问计于民,要多向人民群众学习。对一切搞劳民伤财的"形象工程"和"政绩工程"的行为,要严肃问责追责,依纪依法处理。求真务实,将执政为民理念落到实处。2016年12月26日至27日中共中央政治局召开民主生活会,强调"人民立场是马克思主义政党的根本政治立场,人民是历史进步的真正动力,群众是真正的英雄,人民利益是我们党一切工作的根本出发点和落脚点。中南海要始终直通人民群众,我们要始终把人民群众放在心中脑中。中央政治局的同志必须做到以人民忧乐为忧乐、以人民甘苦为甘苦,牢固树立以人民为中心的发展思想,始终怀着强烈的忧民、爱民、为民、惠民之心,察民情、接地气,倾听群众呼声,反映群众诉求。以共产主义情怀,心系人民群众,忧人民之忧、乐人民之乐。"2017年10月18日,习近平总书记在党的十九大报告中,谈新时代坚持和发展中国特色社会主义的基本方略,第二条就是要坚持以人民为中心,他指出"人民是历史的创造者,是决定党和国家前途命运的根本力量。必须坚持人民主体地位,坚持立党为公、执政为民,践行全心全意为人民服务的根本宗旨,把党的群众路线贯彻到治国理政全部活动之中,把人民对美好生活的向往作为奋斗目标,依靠人民创造历史伟业"。2017年10月25日,习近平总书记在党的十九届一中全会上的讲话中再次强调,要"全面落实以人民为中心的发展思想,不断提高保障和改善民生水平。为人民谋幸福,是中国共产党人的初心。我们要时刻不忘这个初心,永远把人民对美好生活的向往作为奋斗目标。我们要始终以实现好、维护好、发展好最广大人民根本利益为最高标准,带领人民创造美好生活,让改革发展成果更多更公平惠及全体人民,使人民获得感、幸福感、安全感更加充实、更有保障、更可持续,朝着实现全体人民共同富裕不断迈进"。

党的十八大以来,习近平总书记的执政理念和实践体现出鲜明的人民利益至上原则。在实践中坚持以促进社会公平正义、增进人民福祉为出发点和落脚点,全面深化改革。实施社会保障制度改革、户籍制度改革、收入分配制度改革、食品药品监管体制改革、构建更加公平可持续政治体制。

习近平"共享"理念的发展观

马克思、恩格斯所指出的,未来社会是"以每一个个人的全面而自由的发展为基本原则的社会形式",因而它将"结束牺牲一些人的利益来满足另一些人的需要的状况",使"所有人共同享受大家创造出来的福利"。习近平的人民发展观突出体现在以"共享"发展理念引领中国特色社会主义建设的思想中,共享理念实质就是坚持以人民为中心的发展思想,体现的是逐步实现共同富裕的要求。

2013年3月,习近平在第十二届全国人民代表大会第一次会议闭幕会讲话时提出,"生活在我们伟大祖国和伟大时代的中国人民,共同享有人生出彩的机会,共同享有梦想成真的机会,共同享有同祖国和时代一起成长与进步的机会"。2015年10月,党的十八届五中全会提出"创新、协调、绿色、开放、共享"五大发展新理念,其中"共享"发展理念是当前我国经济和社会发展的出发点和落脚点,是五大发展理念的归宿。坚持共享发展,必须坚持发展为了人民、发展依靠人民、发展成果由人民共享,作出更有效的制度安排,使全体人民在共建共享发展中有更多获得感,增强发展动力,增进人民团结,朝着共同富裕方向稳步前进。2015年11月,习近平总书记在十八届中央政治局第二十八次集体学习时的讲话中指出,"坚持以人民为中心的发展思想。发展为了人民,这是马克思主义政治经济学的根本立场。……党的十八届五中全会鲜明提出要坚持以人民为中心的发展思想,把增进人民福祉、促进人的全面发展、朝着共同富裕方向稳步前进作为经济发展的出发点和落脚点。这一点,我们任何时候都不能忘记，部署经济工作、制定经济政策、推动经济发展都要牢牢坚持这个根本立场"。2016年1月，习近平总书记在省部级主要领导干部学习贯彻党的十八届五中全会精神专题研讨班上的讲话时指出，"共享理念实质就是坚持以人民为中心的发展思想，体现的是逐步实现共同富裕的要求"。因此，要"着力践行以人民为中心的发展思想。这是党的十八届五中全会首次提出来的，体现了我们党全心全意为人民服务的根本宗旨，体现了人民是推动发展的根本力量的唯物史观"。他同时指出，"以人民为中心的发展思想，不是一个抽象的、玄奥的概念，不能只停留在口头上、止步于思想环节，而要体现在经济社会发展各个环节。要坚持人民主体地位，顺应人民群众对美好生活的向往，不断实现好、维护好、发展好最广大人民根本利益，做到发展为了人民、发展依靠人民、发展成果由人民共享。要通过深化改革、创新驱动，提高经济发展质量和效益，生产出更多更好的物质精神产品，不断满足人民日益增长的物质文化需要。要全面调动人的积极性、主动性、创造性，为各行业各方面的劳动者、企业家、创新人才、各级干部创造发挥作用的舞台和环境。要坚持社会主义基本经济制度和分配制度，调整收入分配格局，完善以税收、社会保障、转移支付等为主要手段的再分配调节机制，维护社会公平正义，解决好收入差距问题，使发展成果更多更公平惠及全体人民"。

习近平总书记关于"共享是中国特色社会主义的本质要求"，"是社会主义制度优越性的集中体现"的论断，将共享理念提升到了社会主义本质的理论高度，是对马克思主义理论的深刻解读与深化，进一步丰富和发展了社会主义初级阶段中国特色社会主义本质理论，将社会主义本质导向了更深层次的"民本"认识。是在中国特色社会主义实践中，最广泛的人民群众通过"人人参与、人人尽力"，共同分享社会主义建设过程，共同享受富裕的物质成果与美好的精神生活，走共同富裕道路，充分体现了社会主义制度的优越性。

习近平"以人民为中心"思想引领全面建成小康社会

全面建成小康社会的根本目的就是实现全体人民摆脱贫困的社会发展,集中体现了习近平总书记"以人民为中心"的执政理念和发展理念。

2013年6月习近平在墨西哥参议院作《促进共同发展 共创美好未来》的演讲时说:"中国制定了未来发展目标,这就是到2020年全面建成小康社会,到21世纪中叶建成富强、民主、文明、和谐的社会主义现代化国家。在漫长的历史进程中,中国人民依靠自己的勤劳、勇敢、智慧,开创了各民族和睦共处的美好家园,培育了历久弥新的优秀文化。"在中国共产党的带领下,在全国人民的共同努力下,我们必将全面建成小康社会,并进而实现现代化,最终走向共同富裕。2016年12月,习近平总书记在中央财经领导小组第十四次会议上的讲话明确提出,"全面建成小康社会,不是一个'数字游戏'或'速度游戏',而是一个实实在在的目标。在保持经济增长的同时,更重要的是落实以人民为中心的发展思想,想群众之所想、急群众之所急、解群众之所困,在学有所教、劳有所得、病有所医、老有所养、住有所居上持续取得新进展。……相对于增长速度高一点还是低一点,这些问题更受人民群众关注。如果只实现了增长目标,而解决好人民群众普遍关心的突出问题没有进展,即使到时候我们宣布全面建成了小康社会,人民群众也不会认同"。

面对改革开放以来经济发展取得的巨大成就,以习近平总书记为核心的党中央保持客观清醒的认识。一方面,作为世界第一人口大国,我国人均GDP的世界排名仍徘徊在70名左右,人民对发展经济提高收入水平仍然怀有强烈的愿望。另一方面,自由竞争的市场经济在一定程度上导致了社会财富的两极分化。国家统计局数据表明,从2012年到2015年,我国居民收入的基尼系数分别为0.474、0.473、0.469、0.462,虽然总体呈不断下降趋势,但2016年我国的基尼系数为 0.465，仍停留在较高位水平。城乡收入倍差由 2015 年的 2.73 下降到 2016 年的 2.72，城乡发展不平衡仍较明显。另外，在追求经济高速增长的同时，在某种程度上也使社会保障、医疗卫生、教育就业等方面的民生建设相对滞后，生态环境在一定程度上遭到了破坏，资源与环境约束趋紧带来了经济高速发展不可持续的问题。我国经济发展进入了从高速增长转为中高速增长的新常态，人民由单一经济发展需求转向了政治、经济、社会、文化、生态平衡发展的多维度需求。为了回应广大人民群众对美好生活的向往与追求，国家制定了政治、经济、社会、文化、生态"五位一体"的全面建成小康社会的战略目标。2013 年 3 月习近平总书记在金砖国家领导人第五次会晤作主旨讲话时说："面向未来，中国将相继朝着两个宏伟目标前进：一是到 2020 年国内生产总值和城乡居民人均收入比 2010 年翻一番，全面建成惠及十几亿人口的小康社会。二是到 2049 年中华人民共和国成立 100 年时建成富强、民主、文明、和谐的社会主义现代化国家。为了实现这两大目标，我们将继续把发展作为第一要务，把经济建设作为中心任务，继续推动国家经济社会发展。我们将坚持以人为本，全面推进经济建设、政治建设、文化建设、社会建设、生态文明建设，促进现代化建设各个方面、各个环节相协调，建设美丽中国。"

全面建成小康社会是由实现单一经济目标的总体小康向"五位一体"全面小康的迈进。围绕着人民的切身利益，在经济建设方面通过供给侧结构性改革，优化经济结构，实施创新驱动战略促进经济的可持续增长，满足人民对于经济发展的需要；在政治建设方面，推进国家治理体系和治理能力现代化，由自上而下的"国家管理"转变为自上而下与自下而上相结合的"全民治理"，创新实现人民民主专政的新方式；在文化建设方面，宣扬社会主义核心价值体系和价值观，建设自由、平等、公正、法治的文明国家；在社会建设方面，保障和改善民生，维护国家安全和社会稳定，构建社会主义和谐社会；在生态建设方面，为人民建设资源节约型和环境友好型的美丽中国家园。全面建成小康社会真正体现了以人民为中心的发展思想，做到了人民关心什么、期盼什么，党就抓什么、推进什么，给人民群众带来更多获得感。

中国共产党第十九次全国代表大会报告指出，我国社会主要矛盾已经转化为人民日益增长的美好生活需要和不平衡不充分的发展之间的矛盾。习近平新时代中国特色社会主义思想，明确坚持和发展中国特色社会主义，必须坚持以人民为中心的发展思想，在全面建成小康社会的基础上，实现全体人民共同富裕，在21世纪中叶建成富强、民主、文明、和谐、美丽的社会主义现代化强国，完成实现社会主义现代化和中华民族伟大复兴的总任务，不断促进人的全面发展。

第四章

社会主义现代化蕴含的"公平正义"思想

公平正义自古以来就是人类价值追求的共同理想，马克思揭示了人类历史发展的一般规律，在结束了封建王权与神权的专制统治之后，人类所共同向往和追求的就是以"自由、平等"为原则的现代政治经济，并以实现人的自由而全面发展为终极目标。

社会主义公平正义原则是使全体人民真正平等地享受各方面利益的权利，公平正义是社会主义的应有之义与内在要求，是社会主义制度的首要价值原则。公平正义更是中国特色社会主义的核心优势。随着中国特色社会主义建设的不断发展进步，公平正义的内涵也不断丰富，由政治、经济、社会多维度定义，公平正义是指每位公民享有平等地参与政治管理与民主决策的权利，在经济发展的基础上享受到平等分配社会财富的权利，缩小社会贫富差距、社会生活和谐。以公平正义发展观为导向，中国特色社会主义制度建设，在经济领域要通过国家宏观掌控经济发展，建立公平竞争的政府经济运行规则，使市场在资源配置中起决定性作用和更好地发挥市场作用相结合，促进经济更快更好地发展，在此基础上，通过公正的收入分配制度，使人民共享经济发展成果。在政治领域要实现人民当家做主，平等参与国家治理。在社会领域，要通过精准扶贫、精准脱贫政策，避免贫富两极分化，满足每一位公民的基本生存与发展的权利，为弱势群体提供充足的社会福利保障。

中国特色社会主义公平正义是形式与实质的统一，实现路径是坚持以人民为中心的思想，消灭剥削、消除两极分化，最终走向共同富裕，实现人的自由而全面发展。改革开放40年，我国综合国力不断提升，人民生活水平日益提高，但同时也存在着城乡之间、地区之间发展不均衡，收入分配差距较大，权力腐败寻租较严重等突出问题，是中国特色社会主义追求公平正义发展过程中需要克服的巨大障碍。站在全面建成小康社会的视角，理解其中所蕴含的公平正义思想。全面建成小康社会是由低水平小康迈向更高水平的小康，由不全面的总体小康迈向"五位一体"的全面小康，由发展很不平衡的小康迈向平衡发展的小康，再由"先富带后富"迈向"共同富裕"，实现马克思主义"实现人的自由而全面发展"的公平正义最高目标的重要历史节点。习近平总书记强调发展为了人民，发展依靠人民，发展的成果由全体人民共享，大力反腐，消除特权、改革分配制度，将中国特色社会主义公平正义推向了更高境界。

第一节　马克思公平正义观与共产主义理想

马克思、恩格斯没有集中讨论社会公平正义问题，但在《德意志意识形态》《共产党宣言》《资本论》《哥达纲领批判》等著作中，从哲学角度思辨历代公平正义思想，从政治经济学角度批判现代资本主义公平正义观的不平等本质，从社会主义角度正面阐释了共产主义公平正义观的终极思想。马克思、恩格斯的公平正义观是在历史唯物主义的视野下，分析公平正义所具有的历史性和阶级性，形成了人类真正现实意义上的共产主义公平与正义思想。

从哲学角度反思公平正义观的历史性

人类对真、善和正义的思索形成了爱的智慧——哲学,公平正义是伴随着哲学诞生的古老命题之一。柏拉图的《理想国》描绘了一幅理想的乌托邦场景,兼具理性与智慧的哲学王统治着城邦,卫国者、士兵和普通人民各司其职、各安其位,这就是柏拉图的国家正义观。亚里士多德的法治思想,确立了"公平的正义"和"交换的正义"相结合的均衡正义原则。古典哲学家的公平正义价值观是基于人性的唯心主义的国家社会公平正义观。

经过漫长的黑暗中世纪宗教神学对人性的压抑,文艺复兴与启蒙运动开启了人类思想解放的新纪元,人民在社会实践中也日益成长为推动历史发展的真实力量。卢梭在《社会契约论》中明确提出了"人民主权"思想,主张人民追求以自由为前提的公平正义,资产阶级自由平等观念以此为起点延展开来。洛克以"天赋人权"的观点来反对封建的"君权神授"思想,最早提出了宪政民主的政治思想,主张人人平等享有自由权、生命权和财产权,国家的目的和意义就是为了保障社会安全以及人民的这些自然权利,洛克的自由公平正义价值观奠定了当今资本主义以"平等"为核心的公平正义政治思想基础。孟德斯鸠以立法、行政、司法"三权分立"的思想,为维护资产阶级的自由平等和公平正义作出了制度层面的设计思考。从古典哲学家基于人性考虑的公平正义到资本主义的公平正义政治,人类对公平正义的理解不断深入,对推动社会进步具有重要的历史实践意义。

19世纪初,空想社会主义者已经认识到了资本主义社会现实的不平等,提出了消灭阶级差别,平均分配产品,追求社会平等的思想。但因其不能准确分析资本主义剥削的本质,所以寻求不到通过推翻现存制度达到实现社会公平正义的正确途径。马克思、恩格斯承认空想社会主义者基于人性的平等观念的合理性,马克思指出,"平等是人在实践领域中对自身的意识,也就是人意识到别人是和自己平等的人……它表明人的本质的统一，人的类意识和类行为、人和人的实际的同一"。① 恩格斯则进一步指出，"一切人，作为人来说，都有某些共同点，在这些共同点所及的范围内，他们是平等的，这样的观念自然是非常古老的"。② 同时，马克思和恩格斯也继承了空想社会主义者的社会公平理想，恩格斯指出，平等"这一观念特别是通过卢梭起了一种理论作用，在大革命中和大革命之后起了一种实际的政治的作用，而今天在差不多所有国家的社会主义运动中仍然起着很大的鼓动作用"。③ 同时，马克思、恩格斯又运用唯物史观的科学思维方式将社会主义从空想变成了现实。恩格斯曾指出，"平等的观念，无论以资产阶级的形式出现，还是以无产阶级的形式出现，本身都是一种历史的产物，这一观念的形成，需要一定的历史条件，而这种历史条件本身又以长期的、以往的历史为前提"，④ 认为公平正义的政治经济制度是实现社会公平正义的前提和基础。

马克思在《德意志意识形态》中批判了普鲁东的"永恒公平正义观"的思想，认为人性的历史性发展决定着公平正义观的历史性，马克思在《哥达纲领批判》中，批判了拉萨尔"劳动是一切财富和一切文化的源泉"的观点，认为："劳动并不是一切社会财富的源泉……劳动只不过是人的劳动力的体现。"黑格尔认为："正义思想、正义概念一下子就得到了承认，非正义的旧支柱不能对它作任何抵抗，因此正义思想现在就成了宪法的基础，今后必须以此为根据。"⑤ 费尔巴哈认为思维与存在的真正关系是，存在是主体，而思维是宾

---

① [德] 马克思、恩格斯：《马克思恩格斯文集》（第一卷），人民出版社2009年版，第263页。

② [德] 马克思、恩格斯：《马克思恩格斯全集》（第二十六卷），人民出版社2014年版，第109页。

③ [德] 马克思、恩格斯：《马克思恩格斯文集》（第九卷），人民出版社2009年版，第108页。

④ 同上书，第113页。

⑤ 同上书，第383页。

词。思维是从存在来的，但存在并不来源于思维。马克思、恩格斯批判地继承了黑格尔的辩证唯心主义正义观和费尔巴哈唯物主义思想的合理内核。提出与生产方式相适应、相一致的公平正义观，认为只有消灭了阶级对立与剥削才能实现真正意义上的社会公平正义，指明了通过"消除雇佣劳动制度和这一制度下的阶级统治的一切经济条件"是实现社会公平正义的正确道路。

马克思、恩格斯认为社会公平正义是一个历史的范畴，是生产资料私有制的产物，并且随着生产力的发展而具有不同的科学内涵。自有阶级的社会以来，不同的阶级社会对公平正义的理解不断发展。马克思认为，在古希腊人和古罗马时期的奴隶制是一种看似公平、合理的制度，但在资产阶级看来，封建制度是不公平的，必须将其废除。从奴隶社会到封建社会，再到资本主义社会，奴隶主阶级、封建地主阶级、资产阶级对公平正义价值观的认识不断进步。恩格斯认为，只有公有制条件下才能实现真正的自由和真正的平等，而且公有制才是正义所要求的。在现实社会中，社会生产条件和社会制度决定分配方式，不同社会生产条件和社会制度下的公平正义是有所不同的。这些观点表明了马克思认为公平正义是与社会经济发展阶段相适应的思想，显现出了马克思历史唯物主义的公平正义观。马克思、恩格斯还认为，在同一个阶级社会中，统治阶级和被统治阶级的对立导致了二者公平正义价值观的对立，在阶级社会中，公平正义观只是统治阶级的利益的反映，从来没有实现真正的人人平等的公平正义。正如恩格斯所指出的，人们的"公平"理想是与其所处的现实经济关系相联系的，对"公平"的理解不仅是因时因地而变，甚至也因人而异，因此无产阶级所要求的"公平"就是"消灭阶级"。体现了马克思、恩格斯公平正义观的阶级性思想。

从政治经济学角度反思公平正义观的阶级性

马克思从政治经济学的角度，对资本主义社会公平正义理论进行了深刻批判，一针见血地指出了人的阶级不平等掩盖下的资本主义公平正义价值观的局限性，将公平正义理念推向了历史新高度，实现了共产主义对资本主义公平正义的反思和超越。

马克思从亚当·斯密《国民财富的性质和原因的研究》一文中关于"劳动是衡量一切商品交换价值的真实尺度，商品价值的大小取决于'获得它的辛苦与麻烦'"的思想中，发现了剩余价值与资本剥削的秘密，"工人生产的财富越多，他的产品的力量和数量越大，他就越贫穷。工人创造的商品越多，他就越变成廉价的商品。物的世界的增值同人的世界的贬值成正比"。亚当·斯密在《道德情操论》中又提出，"与其说，仁慈是社会存在的基础，还不如说正义是这种基础。虽然没有仁慈之心，社会也可以存在于一种不很令人愉快的状态之中，但是，不义行为的盛行却肯定会彻底毁掉它"。

马克思以《资本论》为思想武器，对资本主义的公平正义观展开了系统而深刻的批判，无情地揭示了资本主义公平正义观形式与实质的背离。在资本主义社会中，社会公平是商品的"等价交换"简单同义语。马克思承认："平等和自由不仅在以交换价值为基础的交换中受到尊重，而且交换价值的交换是一切平等和自由的生产的、现实的基础。"①但资本家对工人剩余价值的剥削已经实质性地破坏了交换的公平正义性。因此，资本主义生产关系中资本对劳动剥削的实质，是用形式上的公平掩盖了实质的不公平，对劳动人民来说不存在真正实现自由与公平的可能性。正如马克思在《资本论》中指出的："原来的货币所有者成了资本家，昂首前行；劳动力所有者成了他的工人，尾随于后。一个笑容满面，雄心勃勃；一个战战兢兢，畏缩不前，像在市场上出卖了自己的皮一样，只有一个前途——让人家来鞣。"

经济基础决定上层建筑，资本主义社会经济的不平等必然导致政

---

① [德] 马克思、恩格斯：《马克思恩格斯全集》（第四十六卷），人民出版社2002年版，第199页。

治上的不平等。马克思批判了资产阶级"法律面前人人平等原则"的虚伪平等观,马克思说:"平等原则又由于被限制为仅仅在'法律上的平等'而一笔勾销了,法律上的平等就是在富人和穷人不平等的前提下的平等,即限制在目前主要的不平等的范围内的平等,简括地说,就是简直把不平等叫作平等。"① 马克思认为,经济与政治的不平等是最深刻的不平等。资本主义基于商品平等交换、意志自由和契约精神的公平正义理念虽具有一定的合理性与历史进步意义,但其生产方式所固有的局限性必将导致资本主义制度的不可持续。

马克思的共产主义公平正义观

马克思对资本主义公平正义提出直接质疑,他在《哥达纲领批判》中说,"什么是'公平的'分配呢?难道资产者不是断定今天的分配是'公平的'?难道它事实上不是在现今的生产方式基础上唯一'公平的'分配吗?"马克思开始思考超越资本主义,与更高历史发展阶段相适应的共产主义公平正义观。马克思认为,社会生产方式是公平正义产生的基础,他在《资本论》中正面阐释,"判断各产品的生产人之间的交换是否具有正义性的标准是交换是否与生产方式相一致,如果相一致就是正义的,否则便是非正义的"。

马克思在对资本主义公平正义观的虚伪性进行了深刻而彻底的批判基础上,形成了共产主义第一阶段"按劳分配"的公平社会分配观。这种分配观认为,劳动者以劳动付出为依据所获得的收入,"至于消费资料在各个生产者中间的分配,那么这里通行的是商品等价物的交换中也通行的同一原则,即一种形式的一定量的劳动可以和另一种形式的同量劳动相交换……生产者的权利是和他们提供的劳动成比例的,平等就在于以同一尺度——劳动——来计量。……我们这里所

---

① [德]马克思、恩格斯:《马克思恩格斯全集》(第二卷),人民出版社2002年版,第647页。

说的是这样的共产主义社会，它不是在它自身基础上已经发展了的，恰好相反，是刚刚从资本主义社会中产生出来的，因此它在各方面，在经济、道德和精神方面都还带着它脱胎出来的那个旧社会的痕迹"。① 因此，按劳分配原则并不是完全意义上的社会公平正义最终形态，马克思说："这种平等的权利，对不同等的劳动来说是不平等的权利。它不承认任何阶级差别，因为每个人都像其他人一样只是劳动者一样；但是它默认不同等的个人天赋，因而也就默认不同等的工作能力是天然特权。所以就它的内容来讲，它像一切权利一样是一种不平等的权利。"②

马克思认为公平正义观的认识是随着生产力的发展而逐步深入的，是与人的依赖社会、物的依赖社会、自由人联合体这三种人类历史社会形态发展相一致的。在人的依赖社会阶段，原始社会生产力水平极其低下，人们之间平等自由的社会关系"没有超出部落的范围"。奴隶社会、封建社会以自然经济为社会的经济基础，开始了阶级分裂，公平正义理念是以人与人之间不平等的"社会等级"关系为前提的，不同等级有不同的公平正义标准。资本主义社会个体摆脱了各种人身依赖关系而进入物的依赖社会，社会化大生产加强了人与人之间的普遍联系。与资本家对工人的剥削相适应的是形式与实质相背离的公平正义观。只有在生产力高度发达的共产主义自由人联合体阶段，才能实现人类真正意义上的公平正义。

马克思、恩格斯进一步指出，现代社会公民"从人的这种共同特性中，从人就他们是人而言的这种平等中，引申出这样的要求：一切人、或至少是一个国家的一切公民，或一个社会的一切成员，都应当

---

① [德]马克思、恩格斯：《马克思恩格斯全集》（第十九卷），人民出版社2002年版，第21页。
② [德]马克思、恩格斯：《马克思恩格斯全集》（第二十五卷），人民出版社2001年版，第19页。

有平等的政治地位和社会地位"。① 基于这一思想,马克思设想了共产主义的理想社会形态:在政治上消灭了国家,消灭了阶级差别,也不再有民族界限之分,随着阶级差别的消失,一切由阶级差别而产生的社会的、政治的不平等也将自行消失。经济上在生产资料的公有制的基础上实行经济全球一体化的社会化大生产,社会物质财富极大丰富,劳动不再是谋生的手段而成为人类生存发展的第一需要,每个社会成员都能得到自由而全面的发展。"人终于成为自己的社会结合的主人,从而也就成为自然的主人,成为自身的主人——自由的人"。② 与之相适应马克思进一步提出了"各尽所能,按需分配"的共产主义公平正义观,即"以公有制为基础,实行按需分配的共产主义奋斗目标",实现"真正的共同体的条件下,各个人在自己的联合中并通过这种联合获得自己的自由"。认为这是未来共产主义超正义的核心价值和终极目标。

马克思公平正义观对全面建成小康社会的启示

马克思、恩格斯的公平正义观是中国特色社会主义社会公平正义观的理论基础。社会主义公平正义观是生产资料公有制的经济公平与人民民主专政的政治公平的有机统一,是优于资本主义的实质上公平正义的价值观。但我国社会主义初级阶段,公平正义以社会生产力的不够发达和社会物质财富较为贫乏为基础。中国特色社会主义经济公平正义观,是公有制为主体的生产资料公平占有,与市场经济按多种生产要素进行分配的公平分配有机统一的公平正义观。中国特色社会主义社会公平正义观强调全体社会成员具有平等的基本权利,如生存权、受教育权、发展权等,人人平等享有社会资源和基本发展条件。

---

① [德] 马克思、恩格斯:《马克思恩格斯文集》(第九卷),人民出版社 2009 年版,第 109 页。

② [德] 马克思、恩格斯:《马克思恩格斯全集》(第十九卷),人民出版社 2002 年版,第 247 页。

逐步过渡到共产主义人的自由而全面发展,是社会主义公平正义观的发展方向。

全面建成小康社会正是基于马克思真正意义上的公平经济与公平政治思想,以实现经济发达基础上,人人共享社会主义建设成果,实现共同富裕,进而实现人的自由而全面发展的共产主义。全面建成小康社会是中国特色社会主义向共产主义迈进的重要历史节点。

第二节　毛泽东坚定的公平正义思想

毛泽东领导人民新民主主义革命取得胜利,推翻了帝国主义、封建主义和官僚资本主义压在头上的三座大山,彻底结束了中国人民受压迫、受奴役、受侵略的黑暗历史,彻底结束了在中国绵延几千年的封建专制统治,建立起中华人民共和国,开启了中华民族解放与独立自主发展的新纪元。

毛泽东社会主义改造和初步建设时期的公平正义的政策实践

中华人民共和国的成立并不意味着新中国直接进入了社会主义社会,因为这一时期社会中,社会主义的因素不论在经济上还是在政治上都已经居于领导地位,但非社会主义仍有很大的比重。在政治上中华人民共和国成立之初建立起来的是由工人、农民、民族资产阶级和小资产阶级等各革命阶级联合专政的政权。在经济上存在着五种经济成分,即社会主义性质的国营经济、半社会主义性质的合作社经济、农民和手工业者的个体经济、私人资本主义经济和国家资本主义经济,其中个体经济占国民经济比重高达71.8%,私人资本主义经济和国家资本主义经济占国民经济总量的7.6%,而具有社会主义性质的国营经济和合作社经济仅占国民经济总量的20.6%。因此,新中国面临的首要任务就是对农业、手工业和资本主义工商业进行社会主义改造,建立起社会主义的政治、经济制度,以促进社会生产力的进一步发展，真正实现国家富强、民族复兴、人民幸福。

  1953年6月，毛泽东在中央政治局会议上正式提出过渡时期的总路线和总任务，同年12月形成了关于总路线的完整表述："从中华人民共和国成立，到社会主义改造基本完成，这是一个过渡时期。党在这个过渡时期的总路线和总任务，是要在一个相当长的时期内，逐步实现国家的社会主义工业化，并逐步实现国家对农业、对手工业和对资本主义工商业的社会主义改造。"简称为"一化三改"。在社会主义改造的具体过程中，效仿苏联，建立起单一的公有制和高度计划经济。毛泽东在审阅《为动员一切力量把我国建设成为一个伟大的社会主义国家而斗争——关于党在过渡时期总路线的学习和宣传提纲》中指出，我们之所以要进行社会主义改造，"是因为只有完成了由生产资料的私人所有制到社会主义所有制的过渡，才利于社会生产力的迅速向前发展，才利于在技术上起一个革命，把在我国绝大部分社会经济中使用简单的落后的工具农具去工作的情况，改变为使用各类机器直至最先进的机器去工作的情况，借以达到大规模地出产各种工业和农业产品，满足人民日益增长的物质需要，提高人民的生活水平，确有把握地增强国防力量，反对帝国主义的侵略，以及最后地巩固人民政权，防止反革命复辟这些目的"。从1949年到1956年，通过采取积极引导、逐步过渡的方式和和平方法对农业、手工业和资本主义工商业进行了较为彻底的公有制改造，到1956年年底96.3%的农户加入了人民公社，92%的手工业者加入了手工业生产合作社，标志着农业社会主义改造基本完成。到1956年年底，全国私营工业户数的99%，私营商业户数的82%，分别纳入了公私合营或合作社的轨道，标志着国家对资本主义工商业的社会主义改造已基本完成。中国单一公有制社会主义改造的彻底性，以及毛泽东时期高度集中计划经济的纯粹性，体现了毛泽东坚定的公平正义思想。社会主义改造实现了中国历史上最深刻的社会变革，初步确立了社会主义基本制度，为中国后来的一切进步和发展奠定了基础。没有社会主义改造，就没有社会主义基本制度的建立和全面的社会主义建设。在一个几亿人口的大国中比较顺利地实现了如此复杂、困难和深刻的社会变革，不仅没有造成生产力的破坏，反而促进了工农业和整个国民经济的发展，不仅没有引起巨大的社会动荡，反而极大地加强了人民的团结，我国社会主义改造的基本完成是一个伟大的历史性胜利。经过社会主义改造，将民族资本主义企业改造成国有经济，将资本家改造成社会主义劳动者，彻底终结了在我国存在上千年的剥削制度，消灭了剥削阶级，建立了全体社会主义劳动者——人民当家做主的社会主义制度，从政治和经济两方面最大限度地实现了社会公平。

　　社会主义改造完成后，如何在这样一个经济文化比较落后的东方大国建设和巩固社会主义制度，是党面临的一个崭新课题。1956年毛泽东作了《论十大关系》的报告，系统梳理和论述了我国社会主义建设需要重点把握的一系列重大关系。一是要把握农业、重工业和轻工业之间的关系，采取"农、轻、重"的顺序调整产业结构关系。二是要把握沿海工业和内地工业的关系，要充分利用和发展沿海的工业基地，积累力量发展和支持内地工业。三是要把握中央和地方的关系，提出在巩固中央统一领导的前提下，扩大地方的权力，发挥中央和地方两个积极性。四是要把握经济建设和国防建设的关系，在强调加强国防建设的重要性时，提出把军政费用降到一个适当的比例，增加经济建设费用。五是要把握国家、生产单位和生产者个人的关系，提出三者的利益必须兼顾。六是要把握汉族与少数民族的关系，反对大汉族主义，也要反对地方民族主义，要积极帮助少数民族发展经济建设和文化建设。七是要把握党和非党的关系，强调共产党和民主党派要长期共存、互相监督。八是要把握革命和反革命的关系，必须分清敌我，化消极因素为积极因素。九是要把握是非关系，对犯错误的同志要实行"惩前毖后，治病救人"的方针，允许并帮助他们改正错误。毛泽东《论十大关系》的报告，站在统筹全国经济与社会发展的高度，均衡处理全局与局部、总体与个体间的关系，非常鲜明地体现了大局观、均衡发展观，内涵着坚定的公平正义价值取向。

1957年毛泽东作了《关于正确处理人民内部矛盾的问题》的报告，系统论述了社会主义社会矛盾，指出矛盾是普遍存在的，"在社会主义社会中，基本的矛盾仍然是生产关系和生产力之间的矛盾，上层建筑和经济基础之间的矛盾"。党的八大正确分析了社会主义改造完成后我国社会的主要矛盾，已经是对于建立先进的工业国的要求同落后的农业国的现实之间的矛盾，已经是人民对于经济文化迅速发展的需要同当前经济文化不能满足人民需要的状况之间的矛盾。提出社会主义可以分为两个阶段走：第一个阶段是不发达的社会主义，第二个阶段是比较发达的社会主义。提出社会主义现代化的战略目标，是要把中国建设成为一个具有现代农业、现代工业、现代国防和现代科学技术的强国。为实现这个目标，全国人大三届一次会议提出"两步走"的发展战略：第一步，要建成一个独立的比较完整的工业体系和国民经济体系；第二步，全面实现工业、农业、国防和科学技术现代化，使中国走在世界前列。《关于正确处理人民内部矛盾的问题》是毛泽东基于国情现状，对社会主义矛盾的正确把握，矛盾的主体是经济发展落后，解决矛盾的指向是为了满足全体人民的经济文化需要，不仅体现了心系全体人民共同发展的公平正义观，更体现了经济与文化协同发展的公平正义观。"两步走"战略，更是奠定了中国现代化发展战略的目标与方向，具体谋划了工业、农业、国防和科学技术现代化的全面发展观，以及富国强民的公平正义思想。毛泽东为中国特色社会主义建设提供了重要的理论准备和宝贵实践经验。

毛泽东的公平正义思想对全面建成小康社会的指导意义

毛泽东思想是马克思主义中国化第一次历史性飞跃的理论成果，是马克思列宁主义基本原理同中国具体实际相结合的产物，是对马克思主义理论与实践的丰富和发展。毛泽东思想也是中国特色社会主义理论体系的重要思想渊源，毛泽东思想所蕴含的马克思主义立场、观

第四章 社会主义现代化蕴含的"公平正义"思想　83

点、方法，为中国特色社会主义理论体系奠定了基本遵循。全面建成小康社会是要实现全面、均衡发展的社会，毛泽东领导新民主主义革命，建设社会主义制度，就是要消除剥削，消除两极分化，防止两极分化的思想是公平正义观的重要内容，是全面建成小康社会并最终实现共同富裕的思想基础。毛泽东社会主义建设实践中的公平正义思想集中体现在以下方面。

首先，毛泽东主张在坚持对生产资料公平占有的公有制的基础上大力发展生产力，以实现"总体小康"。毛泽东指出，我国建设之初的基本国情是"一穷二白"，"穷"是指人民生活贫困，基本温饱问题都没有解决，"白"是指国家科技发展水平落后，没有发展经济的"造血功能"。基于这样的国情，毛泽东明提出在坚持公有制的基础上大力发展生产力，消除贫困。毛泽东深刻理解马克思关于资本主义私有制生产关系必然导致贫富两极分化的思想，提出通过对农业、手工业和资本主义工商业的社会主义改造，消灭资本主义私有制建立起社会主义公有制，从根本上防止两极分化，实现公平正义。1956年1月，毛泽东提出，"社会主义革命的目的是解放生产力"，"只有完成了由生产资料的私人所有制到社会主义所有制的过渡，才利于社会生产力的迅速向前发展……满足人民日益增长着的需要，提高人民的生活水平"。进而，"把一个落后的农业的中国改变成为一个先进的工业化的中国"。在《关于农业合作化问题》中，毛泽东提出："在逐步地实现社会主义工业化和逐步地实现对于手工业、对于资本主义工商业的社会主义改造的同时，逐步地实现对于整个农业的社会主义的改造，即实行合作化，在农村中消灭富农经济制度和个体经济制度，使全体农村人民共同富裕起来。"当然，毛泽东在处理社会主义经济建设中公平与效率的关系时，追求高度公有化，甚至忽视包产到户对提高生产积极性进而促进生产力发展的积极作用，但其观念背后深层次的逻辑是公平正义的社会富国、强国发展观。1965年毛泽东重上井冈山时曾说："我为什么把包产到户看得那么严重，中国是个农业大国，农村所有制的基础如果一变，我国以集体经济为服务对象的工业基础就会动摇，工业品卖给谁嘛！工业公有制有一天也会变。两极分化快得很，帝国主义从存在的第一天起，就对中国这个大市场弱肉强食，今天他们在各个领域更是有优势，内外一夹攻，到时候我们共产党怎么保护老百姓的利益，保护工人、农民的利益?！怎么保护和发展自己民族的工商业，加强国防？中国是个大国、穷国，帝国主义会让中国真正富强吗，那别人靠什么耀武扬威？仰人鼻息，我们这个国家就不安稳了。"

其次，毛泽东提出了实行按劳分配的公平分配制度。在农村公社中，农民以"工分"的形式以劳动作为获取报酬的唯一标准。而对资本主义工商业的社会主改造，更是直接通过"剥夺剥夺者"，使被资本家占有的生产资料变成人民的财产。在实行初级形式的国家资本主义和个别企业的公私合营阶段，企业利润按国家所得税、企业公积金、工人福利费、资方红利四个方面进行分配，资方红利大体占1/4，资本主义的剥削受到限制，这就是当时所说的"四马分肥"的收入分配制度。在全行业公私合营阶段，国家按企业资本的股份额，每年拨付给原工商业者5%的定息，开始决定付息7年，后来又延长3年，共计10年，最终通过国营经济的普遍建立，企业所得除上缴利税外，由全体工人按劳动所得实现等级工资制。由于我国社会主义建设初期，生产力水平低下，还不能实行马克思共产主义制度下"按需分配"的原则，劳动还仅仅是谋生的手段而不能成为人们生活的第一需要，只能实行"按劳分配"原则。生产方式决定分配方式，社会主义公有制条件下，生产资料归全体劳动者共同所有，劳动者平等地占有生产资料，在生产过程中，除了劳动者的活劳动不存在其他劳动要素投入差别，因此，劳动成为财富分配的唯一依据。在计划经济下，劳动者根据他向社会提供的劳动量，获取满足个人生活所需的消费资料。

再次，毛泽东还提出了平衡协调发展的公平发展观。我国地域广阔，自古以来就存在着经济社会发展不平衡。毛泽东《论十大关系》提出了区域间、行业间、国家集体个人间平衡发展的公平发展观。毛泽东制定了以农业为基础，以工业为主导，以农、轻、重为序发展国民经济的总方针，以及一整套"两条腿走路"的工业化发展思路，即重工业和轻工业同时并举，中央工业和地方工业同时并举，沿海工业和内地工业同时并举，大型企业和中小型企业同时并举等。在沿海与内地发展关系方面，毛泽东指出"新的工业大部分应当摆在内地，使工业布局逐步平衡"以内地经济建设为重点，"利用和发展沿海工业"促进内地工业的发展，缩小内地与沿海的经济发展差距，实现生产力的区域间合理布局。"从中华人民共和国成立起至1978年的30年间，以现价计算，国民经济总值增长速度，东西部之比为7.08:7.52，西部地区高于东部地区0.44个百分点；1978年，东西部年人均收入差距已缩小到200元左右。"在行业发展关系方面，毛泽东指出，"在优先发展重工业的条件下，发展工业和发展农业同时并举"。1960年我国国民经济中农业、轻工业和重工业的占比分别为：21.8%、26.1%和52.1%，经调整，至1965年我国国民经济中三者间的占比分别为：37.3%、32.3%和30.4%，基本实现了产业协调发展。在中央和地方的关系方面，毛泽东强调："要强调个人利益服从集体利益，局部利益服从整体利益，眼前利益服从长远利益。要讲兼顾国家、集体和个人，把国家利益、集体利益放在第一位，不能把个人利益放在第一位。"毛泽东认为在国家和农民个人收入分配方面，要"兼顾国家农民利益"，要"缩小剪刀差"，要"在合作社收入中，国家拿多少，合作社拿多少，农民拿多少以及怎么拿法，都要规定适当"。在利益分配问题上，毛泽东说："我同意这样一种意见，即农业总收入的60%到70%应该归社员……让农民多分一点。"主张国家、集体和个人协调发展。毛泽东正确处理"十大关系"，实现全方位均衡发展，对于小康社会的"全面"特征具有重要的借鉴意义。

又次，毛泽东在党建思想中还提出了明确的反对特权的公平正义观。中国共产党是工人阶级的先锋队，同时又是中国人民和中华民族的先锋队。反对党内特权腐败和官僚主义，是中国共产党建设的重要任务，也是公平正义思想与实践的重要内容。一方面，在党的建设思想中，毛泽东强调坚定共产主义理想信念，倡导党员发扬艰苦奋斗、无私奉献精神。他还强调，"社会主义社会要有'物质鼓励'和'精神鼓励'。社会主义建设必须把物质作用与精神作用统一起来，两者不可偏废"。"应当强调艰苦奋斗，强调扩大再生产，强调共产主义前途、愿景，要用共产主义理想教育人民。要用崇高的共产主义理想和艰苦奋斗的精神，使人们超越由于按劳分配形成的对物质利益的追求。""把共产主义引导到平均主义是不好的，过分强调物质刺激也不好，报酬以不死人，维持人民健康为原则。这话是对党内讲，对先进分子讲的。国家建设也好，革命也好，要有一部分先锋分子、积极分子。我们为革命死了多少人，头都不要了，还给什么报酬。天天讲物质刺激，就会麻痹人的思想。写文章要多少稿费，钱多了，物质刺激也不起作用了。要培养共产主义风格，不计报酬，为建设事业而奋斗。"另一方面，在制度建设中，毛泽东强调要加强党纪建设。毛泽东自新民主主义革命时期就实行"三大纪律，六项注意"，1933年签发了我党第一个反腐法令即《关于惩治贪污浪费》第二十六号训令。延安整风运动形成了以"普选制"、建立"三三制"的民主政权、"精兵简政"等一系列反腐廉政民主制度，提出了"共产党员在政府工作中应是廉洁奉公的模范""厉行节约，反对贪污浪费""用民主制度保证廉政"等思想理念。中华人民共和国成立初期，通过了《中华人民共和国惩治贪污条例》《惩戒违法失职公务员暂行条例》等专项反腐的法律，在地方县以上、军队团以上相继成立了党的纪律检查委员会和监察部。1951年发起反贪污、反浪费、反官僚主义的"三反"运动，1952年发起反对行贿、反对偷税漏税、反对盗骗国家财产、反对偷工减料和反对盗窃经济情报的"五反"运动。通过一系列廉政制度建设，有效防止了党内贪污腐败的特权形成。

最后，毛泽东提出了与中国实际相适应的独特的公平正义农民利益观。毛泽东时代，中国处于农民占人口的大多数，农业占国民经济比重大的农业大国时期，农民是中国革命和建设的主力军，农民问题处理得好坏关系中国革命和建设的成败，而农业发展水平落后，农民生活贫困，始终是我国实现公平发展的薄弱环节。毛泽东始终关心农民利益，把保证农民的利益作为新民主主义革命和社会主义建设的重要内容，提出了以"改善农民生活、维护农民利益，提高农民素质"等为主要内容的惠农思想。毛泽东认为，农业生产的发展，是农民的利益的根本保障，高度重视鼓励农民发展生产。在新民主主义革命时期，毛泽东强调，经济建设的中心是发展农业生产，发展工业生产，发展对外贸易和发展合作社。……在目前的条件之下，农业生产是我们经济建设工作的第一位。新民主主义革命时期，毛泽东深入农村开展社会调查，先后写了《湖南农民运动调查报告》《兴国调查》《长岗乡调查》《才溪乡调查》等著作，在充分开展实地调查的基础上，提出了正确的土地革命思想。毛泽东强调"没收地主的土地，分配给无地或少地的农民，实行中山先生'耕者有其田'的口号，扫除农村中的封建关系，把土地变成农民的私产"，并指出："中国的经济，一定要走'节制资本''平均地权'的路。"从根本上解决了农民土地所有权问题，保障了农民的根本利益。《井冈山土地法》明确规定"没收一切土地归苏维埃政府所有"，"过去分好了的田，即算分定，得田的人，即由他管分得的田，这田由分得田的人私有，别人不得侵犯。……租借买卖，由他做主；田中出产，除交土地税于政府外，均归农民所有；吃不完的，任凭自由买卖，得了钱供给零用，用不完的，由他储蓄起来，或改良土地，或经营商业，政府不得借词罚款，民众团体也不得勒捐"。社会主义改造时期，毛泽东高度重视通过农业合作化提高农业生产效率，平等分配农业收入的公正思想。1953年12月，党中央发布《关于发展农业生产合作社的决议》指出，"为着进一步地提高农业生产力，党在农村中工作的最根本的任务，就是要善于用明白易懂而农民所能接受的道理和办法去教育和促进农民群众逐步联合组织起来,逐步实行农业的社会主义改造,使农业能够由落后的小规模生产的个体经济变为先进的大规模生产的合作经济,以便逐步克服工业和农业这两个经济部门发展不相适应的矛盾,并使农民能够逐步完全摆脱贫困的状况而取得共同富裕和普遍繁荣的生活"。因此,主张要逐步实现对于整个农业的社会主义改造,"在农村中消灭富农经济制度和个体经济制度,使全体农村人民共同富裕起来"。主张减轻农民负担,改善农民生活,维护农民利益,促进农民生产。毛泽东强调树立共产主义理想信念,坚决反对特权的思想,在全面建成小康社会进程中更是值得我们深思。

  毛泽东思想是中国特色社会主义理论体系的重要渊源,也为新时期全面建成小康社会提供了思想指导。毛泽东的公平正义思想对全面建成小康社会提供了三方面的理论支撑:一是毛泽东全面公有制与计划经济的极度公平观,对致力于消除两极分化的全面小康有重要启示。毛泽东强烈的公有制主体意识和平均分配思想,对于毫不动摇地坚持公有制主体地位,坚持以按劳分配为主体的分配制度,防止收入差距扩大,实现共同发展的小康社会意义重大。二是毛泽东的两步走战略最终指向了现代化的发展目标,也为建设全面小康社会指引了公平正义的发展方向。毛泽东"两步走"发展战略,提出了建设社会主义现代化的总体发展目标,历代领导人坚定地沿着毛泽东设定的现代化发展宏伟目标,坚持不懈逐步细化推进。全面建成小康社会是在生产力发展的基础上,实现高水平的小康社会,这是毛泽东大力发展生产力思想的延续。三是毛泽东独特的农民利益观对实现全面建成小康社会的"精准扶贫"具体路径具有重要贡献。毛泽东高度重视农民的切身利益,着力解决农业生产发展问题,与全面建设小康社会的工作重点难点相一致。党的十六大提出,"三农"问题的解决是全面建设小康社会的重大任务,习近平总书记针对农村贫困人口开展的"精准扶贫"工作,是决胜小康社会的最后一公里。

第三节 邓小平的"共同富裕"论

　　1978年中国共产党第十一届三中全会召开，邓小平作了《解放思想，实事求是，团结一致向前看》的报告，对党内的错误思想进行了拨乱反正，从根本上冲破了党长期"左"倾错误的严重束缚，全面恢复和确立了马克思主义的正确路线，作出了把全党的工作重心转移到社会主义现代化建设上来的重要决策。以此为起点，邓小平围绕着建设有中国特色社会主义的主题创立了邓小平理论，形成了中国特色社会主义理论体系的开端。1997年中国共产党第十五次代表大会把"邓小平建设有中国特色社会主义理论"简称为"邓小平理论"，并写入党章。邓小平理论是在"和平与发展"成为时代主题的历史条件下，在我国改革开放和现代化建设的实践中，在总结我国社会主义胜利和挫折的历史经验教训，并借鉴其他社会主义国家历史经验的基础上，逐步形成和发展起来的。

　　邓小平理论紧紧围绕着"什么是社会主义，怎样建设社会主义"这个根本问题，提出了我国正处于并将长期处于社会主义初级阶段的重要论断；提出计划与市场不是判断姓社姓资的标准，计划与市场是资源配置的不同方式，社会主义也可以实行市场经济的理论；作出社会主义的本质是"解放生产力，发展生产力，消灭剥削，消除两极分化，最终达到共同富裕"的重大论断；提出社会主义初级阶段的主要任务是解放生产力、发展生产力，因此要以科技为第一生产力，推动生产力发展。邓小平在社会主义建设的战略步骤问题上，以毛泽东"两步走"战略为基础，提出了"三步走"发展战略，首次提出了"1991年到20世纪末，国民生产总值再增长一倍，人民生活达到小康水平"的建设总体小康社会战略，擘画了我国社会主义现代化建设的总体进程。

　　邓小平理论中，社会主义初级阶段下，实行公平与效率相结合的市场经济,是建设小康社会的现实国情背景;"先富带后富,最终实现共同富裕",并分"三步走"建设社会主义现代化思想,是全面建成小康社会的最终指向。

社会主义初级阶段中国特色市场经济的公平与效率观

邓小平关于我国仍处于并将长期处于社会主义初级阶段的理论,是在总结世界社会主义发展,以及中国社会主义建设曲折发展的历史经验和教训的基础上逐步形成的。

马克思、恩格斯认为未来社会大体要经历从资本主义社会到共产主义社会的革命转变时期、共产主义社会的第一阶段、共产主义社会的高级阶段。列宁认为,在经济落后的俄国,在剥夺了地主和资本家以后,还不能达到成熟或发达的社会主义阶段。我国社会主义制度确立后,毛泽东在1956年1月召开的知识分子问题会议上比较正确地提出了我国的社会主义社会已经进入、尚未完成的思想。随后却又在1958年的"大跃进"和人民公社化运动中,对社会主义发展阶段产生了不科学的盲目乐观认识,认为"共产主义在我国的实现,已经不是什么遥远将来的事情了"。20世纪50年代末60年代初,在初步总结社会主义建设的经验教训后,毛泽东在读苏联《政治经济学教科书》时提出:"社会主义这个阶段,又可能分为两个阶段:第一个阶段是不发达的社会主义,第二个阶段是比较发达的社会主义。后一阶段可能比前一阶段需要更长的时间。""在我们这样的国家,完成社会主义建设是一个艰巨任务,建成社会主义不要讲得过早了"。

1987年党的十三大召开前夕,邓小平强调指出:"党的十三大要阐述中国社会主义是处在一个什么阶段,就是处在初级阶段,是初级阶段的社会主义。社会主义本身是共产主义的初级阶段,而我们中国又处在社会主义的初级阶段,就是不发达的阶段。一切都要从这个实际出发,根据这个实际来制定规划。"[①] 邓小平在党的十一届三中全会以后,总结中华人民共和国成立以来特别是改革开放以来的历史经验基础上,对我国社会主义所处的历史阶段进行了新的探索,逐步作出了我国还处于并将长期处于社会主义初级阶段的科学论断,从而准确地把握了我国的基本国情。党的十三大指出的我国处于社会主义初级阶段包括两方面含义:一方面,从社会性质来看,我国社会已经是社会主义社会,我们必须坚持而不能离开社会主义。另一方面,从我国现实中社会主义社会的发展程度来看,我国的社会主义社会还处在初级阶段。

社会主义初级阶段的总体特征是:人口多,底子薄,人均国民生产总值仍居于世界后列。10亿多人口,8亿在农村,基本上还是用手工工具搞饭吃;一部分现代化工业,同大量落后于现代水平几十年甚至上百年的工业,同时存在;一部分经济比较发达的地区,同广大不发达地区和贫困地区,同时存在;少量具有世界先进水平的科学技术,同普遍的科技水平不高,文盲半文盲还占人口近四分之一的状况,同时存在。生产力的落后,决定了在生产关系方面,发展社会主义公有制所必需的生产社会化程度还很低,商品经济和国内市场很不发达,自然经济和半自然经济占相当比重,社会主义经济制度还不成熟、不完善。1981年党的十一届六中全会通过的《关于建国以来党的若干历史问题的决议》,第一次提出我国社会主义制度还处于初级的阶段。强调中国的现代化建设必然是长期的。

社会主义初级阶段是建设中国特色社会主义的总依据,是党制定和执行正确路线、方针、政策的基本出发点。建设中国特色社会主义,必须从我国的实际出发,而我国最大的实际就是正处于并将长期处于社会主义初级阶段。

2017年党的十九大,再次强调:"必须认识到,我国社会主要矛

[①] 邓小平:《邓小平文选》(第三卷),人民出版社1993年版,第252页。

盾的变化,没有改变我们对我国社会主义所处历史阶段的判断,我国仍处于并将长期处于社会主义初级阶段的基本国情没有变,我国是世界最大发展中国家的国际地位没有变。"在对当前社会主义阶段性特征的认识上,党的十九大提出,"必须清醒看到,我们的工作还存在许多不足,也面临不少困难和挑战。主要是:发展不平衡、不充分的一些突出问题尚未解决,发展质量和效益还不高,创新能力不够强,实体经济水平有待提高,生态环境保护任重而道远;民生领域还有不少短板,脱贫攻坚任务艰巨,城乡区域发展和收入分配差距依然较大,群众在就业、教育、医疗、居住、养老等方面面临不少难题;社会文明水平尚需提高;社会矛盾和问题交织叠加,全面依法治国任务依然繁重,国家治理体系和治理能力有待加强;意识形态领域斗争依然复杂,国家安全面临新情况;一些改革部署和重大政策措施需要进一步落实;党的建设方面还存在不少薄弱环节"。

从我国生产力发展水平相对落后的社会主义初级阶段现实出发,面对的首要问题就是如何处理好促进生产力快速发展,同时兼顾社会主义社会全体人民共同发展的问题,也就是如何实现社会公平与经济效率之间的均衡发展的问题。

在人民公社"一大二公"的单一公有制、高度计划经济和绝对平均的社会分配制度下,加之"文化大革命"期间的错误政策,我国原本就薄弱的社会主义经济发展水平几乎停滞不前。1955年我国的GDP占全球4.7%,1978年下降到2.5%。1958年至1978年农民年人均收入仅从73元增长到133.6元,年均增长不到3元;城镇居民年人均收入也仅从235元增长到316元,年均增长仅4元,几乎"绝对"的公平带来的却是生产效率极其低下。这使我们清醒地认识到,失去了效率的公平所带来的普遍贫穷,也就失去了真正意义上的公平与正义。

党的十一届三中全会拨乱反正以后,邓小平以极大的政治勇气与担当,提出了进行经济体制改革,实行社会主义市场经济体制,兼顾公平与效率的共同发展，开启了中国特色社会主义建设新时代。从社会主义初级阶段国情出发，以解放生产力、发展生产力为主要任务，正确认识中国特色社会主义市场经济。1992年党的十四大确立了社会主义市场经济体制的改革目标，提出要使市场在国家宏观调控下对资源配置起基础性作用。一是计划经济和市场经济不是划分社会制度的标志，计划经济不等于社会主义，市场经济也不等于资本主义。二是计划和市场都是经济手段，对经济活动的调节各有优势和长处，社会主义实行市场经济要把两者结合起来。三是市场经济作为资源配置的一种方式本身不具有制度属性，可以和不同的社会制度结合，但它和不同社会制度结合具有不同的性质。坚持社会主义制度与市场经济的结合，是社会主义市场经济的特色所在。

中国特色社会主义实行以公有制为主体、多种所有制经济共同发展的基本经济制度，也由此决定了收入分配领域必然实行按劳分配为主体、多种分配方式并存的分配制度。1978年党的十一届三中全会提出"克服平均主义，缴够国家的，留够集体的，剩下都是自己的"原则。1987年党的十三大提出，"社会主义初级阶段的分配方式必须实行以按劳分配为主体的多种分配方式"。1993年《中共中央关于建立社会主义市场经济体制若干问题的决定》中提出"效率优先，兼顾公平"的分配原则。2002年党的十六大进一步确立了生产要素按贡献参与分配的原则。随着收入分配制度改革的不断推进，极大地调动了各生产要素的积极性，极大地提高了劳动生产效率，我国经济取得了迅猛发展。

1978年至2007年，改革开放30年来，我国经济建设取得了令世界瞩目的伟大成就。根据国家统计局统计数据，1978年，我国国内生产总值只有3645亿元，世界排名第10位。人均国民总收入仅190美元，位居全世界最不发达的低收入国家行列。30年间，我国国内生产总值实现了年均9.8%的高速增长，由1978年的3645亿元迅速跃升至2007年的249530亿元，国内生产总值的世界提名也跃升至了第 4 位,仅次于美国、日本和德国。人均国内生产总值也由 1978 年的 381 元上升到 2007 年的 18934 元,扣除价格因素,年均增长 8.6%,总量增长近 10 倍,我国已由低收入国家跃升至世界中等偏下收入国家行列。

正确而全面地认识中国特色社会主义市场经济兼顾公平与效率的关系。一方面,要立足于我国社会主义初级阶段生产力较低的基本特征,在社会财富总量有限的情况下,没有能力实行彻底平等原则的共产主义"按需分配"原则,而只能通过"按劳分配"激发劳动者的生产积极性,在促进生产力快速发展的基础上,兼顾公平的分配原则,这就是邓小平提出的"效率优先,兼顾公平"。另一方面,也必须清醒地认识到,市场经济的本质是自由竞争,资本的逐利本性在市场自由竞争规律作用下,必然不断集中,从而导致社会收入分配不均,贫富差距逐步扩大,当收入差距过大时就会影响社会的和谐与稳定。因此,为了兼顾公平与效率的原则,中国特色社会主义市场经济要通过国家分配制度进行宏观调控,有效调节收入分配差距,实现社会总体公平,达到"公平与效率的内在统一"。

正确处理公平与效率的关系,效率是公平正义实现的前提与基础,公平正义是效率的根本目标与价值方向,二者具有本质的一致性与目标的契合性。当前全面建成小康社会就正是由"效率"转向"公平"的重要转折点。

"先富带后富,最终实现共同富裕"的公平正义发展路径

邓小平提出,社会主义的本质是"解放生产力,发展生产力,消灭剥削,清除两极分化,最终达到共同富裕"。邓小平的"共同富裕"社会主义本质论,蕴含着深刻的公平正义思想。解放生产力、发展生产力是实现公平正义的根本保证,消灭剥削和消除两极分化是实现公平正义的重要手段,共同富裕是现实公平正义的最终目标,公平正义是社会主义的本质要求。共同富裕是社会主义的本质和建设目

标。全面建成小康社会是实现共同富裕的必要准备和必经阶段，实现共同富裕是全面建成小康社会的必然结果。

我国社会主义制度的建立，消灭了阶级对立与剥削建立起人民民主专政的政治制度，实行以生产资料公有制和按劳分配为主体的经济制度，具备了社会公平正义实现的政治、经济制度前提和基础。但我国的基本国情是正处于并将长期处于社会主义初级阶段，这一阶段的主要社会矛盾是"人民日益增长的物质文化需要同落后的社会生产之间的矛盾"。社会主义初级阶段生产力发展水平落后的现实，要求我们只能实行先富带后富、最后实现共同富裕的发展路径。

邓小平对先富带后富与共同富裕的辩证关系认识得极为深刻，1993年他和他的兄弟邓垦的一次谈话中，再次强调了共同富裕的重要性，指出先富带后富可能出现的两极分化问题，他说，"要允许一部分地区、一部分企业、一部分工人农民，由于辛勤努力成绩大而收入先多一些，生活先好起来。……一些地区，那里的生产和群众生活还很困难，国家应当从各方面给予帮助……这是一个大政策，一个能够影响和带动整个国民经济的政策"。同时，邓小平也说："我们讲要防止两极分化，实际上两极分化自然出现。……少部分人获得那么多财富，大多数人没有，这样发展下去总有一天会出问题。分配不公，会导致两极分化，到一定时候问题就会出来。这个问题要解决。过去我们讲先发展起来。现在看，发展起来以后的问题不比不发展时少。"正如邓小平所言，在"先富带后富"的政策实施过程中，必然产生经济发展不平衡所导致的暂时性、形式上的发展不平等。伴随着市场经济的发展，我国在经济社会领域也积累了许多问题。一是经济发展不平衡性较突出，城乡之间、区域之间、行业之间、个人之间都存在着较严重的不平衡，2012年我国城镇居民人均可支配收入是农村居民人均纯收入的3.1倍。二是社会保障还不充分，"看病难、看病贵"的问题没有得到根本解决，教育资源不均衡，社会矛盾问题在一定范围内还很突出。诸多社会问题集中反映在了富裕阶层和贫困阶层间产生的矛盾，社会公正问题引起了国家和人民的高度关注。

邓小平所强调的只是与不同社会发展阶段的生产力实际状况相适应的"先富带后富"与"共同富裕"各有侧重，但社会主义最本质的特征和最终发展方向一定是共同富裕，共同富裕是社会主义最大的优越性。邓小平讲"社会主义不是少数人富起来、大多数人穷，不是那个样的"。邓小平反复强调，要防止贫富不均、两极分化，允许存在差别的，像过去那样搞平均主义，也发展不了经济。但是，经济发展到一定程度，必须搞共同富裕。"如果搞两极分化，情况就不同了，民族矛盾、区域间矛盾、阶级矛盾都会发展，相应地中央和地方的矛盾也会发展，就可能出乱子。"① 邓小平把"消除两极分化"提高到社会主义本质的高度来把握。

1985 年，邓小平在会见美国不列颠百科全书编委会副主席弗兰克·吉布尼时说："我们遵循两条最重要的原则：第一，公有制经济始终占主体地位；第二，坚持走共同富裕的道路。一部分地区，一部分人先好起来，不会导致两极分化。"1985 年会见原台湾大学教授陈鼓应时，邓小平说："我们大陆坚持社会主义，不走资本主义的邪路。社会主义与资本主义不同的特点就是共同富裕，不搞两极分化。"1986 年邓小平在接受美国记者采访时又说："我们允许一部分人先好起来，一部分地区先好起来，目的是更快地实现共同富裕，我们的政策是不使社会导致两极分化，我们不会容许产生新的资产阶级。"1990 年 4 月邓小平在会见泰国正大集团董事长谢国民时说："只有社会主义，才能有凝聚力，才能解决大家的困难，才能避免两极分化，逐步实现共同富裕。如果中国只有 1000 万人富裕了，10 亿多人还是贫困的，那怎么能解决稳定问题？我们是允许存在差别的，像过去那样搞平均主义，也发展不了经济。但是，经济发展到一定程度，必须搞共同富裕。我们要的是共同富裕，这样社会就稳定了……中国情况

---

① 邓小平：《邓小平文选》（第三卷），人民出版社 1993 年版，第 364 页。

是非常特殊的，即使51%的人先富裕起来了，还有49%，也就是6亿多人仍处于贫困之中，也不会有稳定。中国搞资本主义行不通，只有搞社会主义，实现共同富裕，社会才能稳定，才能发展。"1992年南方讲话时，邓小平强调："社会主义的本质是解放生产力，发展生产力，消灭剥削，消除两极分化，最终达到共同富裕。……社会主义要赢得与资本主义相比较的优势，就必须大胆吸收和借鉴人类社会创造的一切文明成果，吸收和借鉴当今世界各国包括资本主义发达国家的一切反映现代社会化生产规律的先进经营方式、管理方法。走社会主义道路，就是要逐步实现共同富裕。"显然，邓小平将"共同富裕"视为社会主义区别于资本主义的本质属性。

正如邓小平所言，"如果导致两极分化，改革就算失败了"。他说："现在，沿海地区先发展起来了，发展到一定程度，就要注意内地的发展，否则社会稳定不了。""可以设想，在20世纪末达到小康水平的时候，就要突出地提出和解决这个问题"。对于区域、城乡协调发展，邓小平提出，"沿海地区要加快对外开放，使这个拥有两亿人口的广大地带较快地先发展起来，从而带动内地更好地发展，这是一个事关大局的问题。内地要顾全这个大局。反过来，发展到一定的时候，又要求沿海拿出更多力量来帮助内地发展，这也是个大局"。进入小康社会后，"人不再外流了，农村的人总想往大城市跑的情况也将改变"。

"解放生产力，发展生产力，消灭剥削，消除两极分化"是手段，"共同富裕"是目的。邓小平强调，"社会主义财富属于人民，社会主义的致富是全民共同致富。社会主义原则，第一是发展生产，第二是共同致富"。[①] "共同致富我们从改革一开始就讲，将来总有一天要成为中心课题。社会主义不是少数人富起来、大多数人穷，不是那个样子。社会主义最大的优越性就是共同富裕，这是体现社会主义本质

---

① 邓小平：《邓小平文选》（第三卷），人民出版社1993年版，第171页。

的一个东西。"① 立足于共产主义"人的自由而全面发展"的绝对公平正义,坚定当前社会主义道路方向。既肯定了通过解放生产力、发展生产力来增加社会物质财富是实现社会公平的前提条件,又肯定了实现共同富裕是社会主义正义的价值追求,深刻认识到了市场经济是过程与手段而公平正义是终极目标,深刻体现了经济公平与社会的矛盾对立动态统一性与社会功能的互补性。

从"三步走"到建设"小康社会"的公平正义实现路径

中国特色的社会主义市场经济,按经济规律运行,现代化大生产和自由竞争必然导致财富占有的不平等现象,有可能发展为社会财富占有上的两极分化。在政治发展领域,由体制不健全,政治改革相对滞后于经济改革,使得贪污腐败、权钱交易等问题加大了社会财富占有的不公平性。当前社会经发展现状,已经使我们面临了急需解决财富分配的难题,实施全面小康战略,就是要在大力发展社会生产力的同时,通过收入分配调节实现共同富裕,将二者有机结合,建立以发展生产力为价值取向的社会主义市场经济体制以保证社会公平正义,构建和谐社会。邓小平指出,"如果按资本主义的分配方法,绝大多数人还摆脱不了贫穷落后状态,按社会主义的分配原则,就可以使全国人民普遍过上小康生活……不坚持社会主义,中国的小康社会就形成不了"。② "我们社会主义制度是以公有制为基础的,是共同富裕,那时候我们的小康社会,是人民生活普遍提高的小康社会"。③ "所谓小康社会,就是虽不富裕,但日子好过。我们是社会主义国家,国民收入分配要使所有的人受益,没有太富的人,也没有太穷的人,所以日子普遍好过。"④

---

① 邓小平:《邓小平文选》(第三卷),人民出版社1993年版,第364页。
② 同上书,第64页。
③ 同上书,第215页。
④ 同上书,第161页。

邓小平的全面小康到共同富裕思想不仅体现在经济领域，还体现在政治、社会民生等领域。邓小平说："恐怕再有30年的时间，我们才会在各方面形成一整套更加成熟、更加定型的制度。在这个制度下的方针、政策，也将更加定型化。"① 1984年10月邓小平指出，当我国经济实力居于世界前列时，国民生产总值将达到一万亿美元，要将百分之一也就是一百亿美元用于科学教育。"如果用于科学教育，就可以开办好多大学，普及教育也就可以用更多的力量来办了。智力投资应该绝不止百分之一。"②

邓小平不仅阐明了通过"先富带后富"走社会主义"共同富裕"的发展道路，而且将中国特色社会主义发展路径具体化、数字化，提出了目标更明确的"三步走"发展战略。"三步走"发展战略是符合我国国情的，操作性更强的现代化发展战略，是社会主义初级阶段向更高社会发展阶段迈进的具体阶段性战略，将"三步走"发展战略放到"全面小康"，再到实现共产主义远大理想的愿景中，更是其中至关重要的一环。

实现现代化是中国特色社会建设的长远发展目标，早在中华人民共和国成立前，党的七届二中全会就提出了把我国由农业国变为工业国，实现国家现代化的构想。中华人民共和国成立后，毛泽东提出了经过10个五年计划即50年，把我国建成强大的社会主义工业化国家的设想。1962年1月毛泽东又指出：中国的人口多，底子薄，经济落后，要使生产力很大地发展起来，要赶上和超过世界上最先进的资本主义国家，没有100多年时间我看是不行的。全国人大三届一次会议首次提出在20世纪末实现四个现代化，赶上和超过世界先进水平的奋斗目标，以及完成这个任务分"两步走"的战略设想。提出"两步走"的发展战略，"从第三个五年计划开始，我国的国民经济

---

① 邓小平：《邓小平文选》（第三卷），人民出版社1993年版，第273页。
② 同上书，第88页。

发展，可以按两步来考虑：第一步，大约用三个五年计划建立一个独立的比较完整的工业体系和国民经济体系；第二步，力争在20世纪末全面实现工业、农业、国防和科学技术现代化，使我国经济走在世界前列"。1978年党的十一届三中全会实现全面拨乱反正，把党和国家的工作中心转移到社会主义现代化上来。1979年10月，邓小平正确认识到由于我国建设基础弱、底子薄，所以提出修改原定目标，他说："我们开了个大口，本世纪末这就是到20世纪末'达到第三世界中比较富裕一点的国家的水平'"，需要把标准放低一点，"在中国建立一个小康社会。这个小康社会，叫作中国式的现代化"。这是本着实事求是的精神，基于对我国国情的正确认识，提出的适合我国经济发展基础的战略目标大调整。

党的十二大正式提出，到20世纪末分"两步走"实现工农业总产值翻两番，实现小康社会的设想。1987年进一步调整，降低了第三步发展战略目标，在20世纪末达到小康水平，然后在21世纪用30年到50年的时间达到中等发达国家的水平，并且认为，到20世纪末，尽管我们人均国民生产总值八百到一千美元不算多，但是年国民生产总值将超过一万亿美元。有了这个基础，再争取达到中等发达国家的水平是有希望的。到那个时候，我们就可以真正用事实理直气壮地说社会主义比资本主义优越了。

基于对我国社会主义初级阶段生产力发展水平不高的特征认识，1987年4月，邓小平第一次提出了分"三步走"基本实现现代化的战略。从1981年开始到20世纪末，花20年时间，翻两番，达到小康水平，就是年国民生产总值人均八百到一千美元。在这个基础上花50年时间，再翻两番，达到人均四千美元。那意味着到21世纪中叶，可以达到中等发达国家水平。同年10月，党的十三大把邓小平"三步走"的发展战略构想确定下来，明确提出：第一步，从1981年到1990年实现国民生产总值比1980年翻一番，解决人民的温饱问题；第二步，从1991年到21世纪中叶，国民生产总值再翻两番，达到中等发达国家水平，基本实现现代化。党的十四大提出，在20世纪90年代初步建立起新的经济体制，实现达到小康水平的第二步发展目标；再经过20年努力，到建党100周年时，在各方面形成一整套更加成熟、更加完整的制度；在这个基础上，到21世纪中叶中华人民共和国成立100周年的时候，就能达到第三步发展目标，基本实现社会主义现代化。

1997年，我国在提前实现了"三步走"战略的第一步和第二步战略目标之后，党的十五大把"三步走"战略的第三步进一步具体化，提出了三个阶段性目标：21世纪第一个10年，实现国民生产总值比2000年翻一番，使人民的小康生活更加富裕，形成比较完善的社会主义市场经济体制；再经过10年的努力，到建党100周年时，使国民经济更加发展，各项制度更加完善；到21世纪中叶中华人民共和国成立100周年时，基本实现现代化，建成富强、民主、文明的社会主义国家。这是党最初提出的"两个一百年"的奋斗目标。

党的十六大宣布"我们胜利实现了现代化建设的'三步走'战略的第一步、第二步目标，人民生活总体上达到小康水平"。"根据十五大提出的到2010年、建党一百年和中华人民共和国成立一百年的发展目标，我们要在21世纪头20年，集中力量，全面建设惠及十几亿人口的更高水平的小康社会，使经济更加发展、民主更加健全、科教更加进步、文化更加繁荣、社会更加和谐、人民生活更加殷实"。"经过这个阶段的建设，再继续奋斗几十年，到21世纪中叶基本实现现代化，把我国建成富强、民主、文明的社会主义国家。"[1]正式提出全面建设小康社会的奋斗目标。

党的十六大，胡锦涛为总书记的党中央贯彻全面建设小康社会的战略决策，开创了全面建设小康社会的新局面。党的十七大，对全面

---

[1] 江泽民：《江泽民文选》（第三卷），人民出版社2006年版，第542页。

建设小康社会提出新的要求，要建立人人享有基本生活保障，中等收入者占全社会的多数，由穷富差别状况大的"哑铃型"走向穷富差别小的"橄榄型"。党的十八大根据国内外形势的新变化，鲜明地提出了全面建成小康社会的主要任务，表明了实现全面小康社会建设的决心，并提出政治、经济、文化、社会和生态"五位一体"建设布局，全面推进小康建设。

2012年11月29日，习近平在参观"复兴之路"展览时指出："实现中华民族伟大复兴，就是中华民族近代以来最伟大的梦想。这个梦想，凝聚了几代中国人的夙愿，体现了中华民族和中国人民的整体利益，是每一个中华儿女的共同期盼。"将"两个一百年"奋斗目标形象化为中国梦，成为激励中华儿女团结奋进，开辟未来的一面精神旗帜。

从全面小康走向共同富裕，最终目标就是要促进人的全面发展。马克思所设想的共产主义社会，实现"人的自由而全面的发展"，就是在个人经济自由的基础上，通过人的自我发展，实现公平正义的和谐社会，是把社会经济的发展与社会公平正义的价值理想有机结合起来，把个人的发展与社会的发展结合，体现了个人与社会的价值目标统一性。邓小平说"发展才是硬道理"，就是要通过建设高度发达的物质文明，使人民得到更多的实惠。在此基础上完善社会主义政治体制，发展政治文明，使人民当家做主的主人翁地位得到更有力的保证。提高人民的思想道德和文化水平，加强精神文明建设。社会主义制度优越性才得以充分体现，人的自由而全面的发展才得以实现。

全面建成小康社会是对邓小平的"三步走"发展战略的巨大丰富与发展，是实现"中国梦"承上启下的重要一环，更是实现共产主义理想的阶段性成果目标。"三步走"发展战略指向实现共产主义终极公平与正义的正确方向。从"两步走"到"三步走"，再到"新三步走"，我党数代领导人带领全国人民向着一个共同的目标不断推进，体现了我国政治的极强稳定性与目标坚定性。

第四节　习近平全面建成小康社会的公平正义实践

党的十八大以来，以习近平总书记为核心的党中央，带领全国人民进行全面建成小康社会的实践探索，形成了一系列治国理政新理念、新思想、新战略。将"三步走"发展战略的第二步"全面建成小康社会"与"两个一百年"奋斗目标相结合，提出实现"中华民族伟大复兴中国梦"的宏伟战略目标，是习近平治国理论总体框架的逻辑起点。政治、经济、文化、社会、生态"五位一体"总体布局全面发展，全面建成小康社会、全面深化改革、全面依法治国、全面从严治党"四个全面"的战略布局协同发展，是中国特色社会主义建设的核心与关键。创新、协调、绿色、开放、共享"五大发展理念"是新时期中国特色社会主义建设的新指导理念。通过"供给侧"结构性改革把握、适应、引领经济发展新常态是应对国内外经济发展新形势的有力举措。自习近平执政以来，中国GDP年均增长7%左右，对世界经济增长贡献率在30%左右，稳居全球第一。

开启全面建成小康社会的新阶段

2000年国家统计局局长朱之鑫宣布，我国国民经济出现重要转机，经济增长加快，运行质量显著提高，国内生产总值首次突破1万亿美元。这一数据表明，我国已实现"从1991年到20世纪末，使国民生产总值再翻一番，达到小康水平"的目标，但还仅仅实现了总体小康的目标。

在允许一部分人、一部分地区先富起来之后，我国低水平、不全面、发展不平衡的总体小康实现的同时，小康社会建设也还存在着诸多方面的问题。

首先，小康发展水平低。2000年我国人均GDP不到900美元，尚有3000万人温饱没有完全解决。虽然我国人口占世界人口的22%左右，但经济总量不到世界经济总量的4%。其次，小康发展不平衡。区域发展不平衡，体现在至2012年我国东西部全面小康社会实现程度差距仍很大，东部地区88.0%已达到了小康标准，东北地区82.3%达到小康标准，中部地区77.7%达到小康标准，西部地区达到小康标准仅为71.4%。而且东西部地区发展速度也不均衡，东部地区小康率提高了23.7个百分点，中部地区提高了22.1个百分点，东北地区提高了22.0个百分点，西部地区仅提高了18.2个百分点。如果不采取有效措施，东西部发展水平差距将进一步扩大。个人收入分配差距仍然较大。国际上通常用基尼系数来衡量居民收入差异程度，其数值在0—1之间。数值越高，收入分配的不均等程度越高。按照国际通常标准，基尼系数在0.3以下为最佳的平均状态，在0.3—0.4之间为正常状态，超过0.4为警戒状态，达到0.6则属于危险状态。我国基尼系数自改革开放以来变化巨大。1978年我国基尼系数仅为0.18，1981年为0.29，被国际普遍认为是世界上分配最公平的国家。2000年基尼系数达到了0.417，开始超出国际公认的0.4的警戒线。此后一直居高不下，2005年基尼系数为0.458、2008年为0.469、2009年则高达0.490。随后国家加大收入分配调节力度，基尼系数开始回落，2010年基尼系数为0.481、2011年为0.477、2012年为0.474、2013年为0.473、2014年为0.469、2015年为0.462、2016年为0.465。从发展趋势来看，我国基尼系数逐年回落但仍在较高位徘徊，说明我国收入差距虽有所缩小，但问题仍比较严重。2015年北京大学中国家庭追踪调查研究课题组（China Family Panel Studies，CFPS），以全国25个省市160个区县的14960个家庭为基本样本，经调查撰写的《中国民生发展报告》数据表明，中国目前的收入和财产不平等状况仍很严重，顶端1%的家庭占有全国约1/3的财产，底端25%的家庭拥有的财产总量仅在1%左右。收入分配差距过大势必影响社会和谐稳定。此外，产业间发展不平衡，农业发展基础相对落后。行业间发展不平衡，金融、信息等行业收入明显高于社会行业平均收入等问题也不同程度地存在。最后，小康发展不全面。我国社会主义初级阶段生产力发展长期落后的现实，使得在相当长一段时期内，党和国家的工作重心放在经济建设上，政治改革相对滞后，生态环境遭到一定程度的破坏，市场经济发展又必然带来财富分配等方面的社会问题。全面建成小康社会就是要解决高速经济增长所带来的一系列问题，实现"五位一体"全面发展。

从总体小康到全面小康，内涵不断发展与丰富。总体小康是人均GDP只有800多美元的低标准，属于中下收入国家水平的小康，全面小康目标是人均GDP超过3000美元，达到中等收入国家水平的较高标准的小康；总体小康是一个偏重于物质消费与经济发展指标的小康，全面小康是政治、经济、文化、社会、生态"五位一体"的小康；总体小康是发展不平衡、地区差距、城乡差距、不同收入群体差距都较大的小康，全面小康是发展比较均衡，缩小地区、城乡各阶层的差距，惠及十几亿人口，体现共同富裕原则的小康。总体小康是全面小康的基础和条件，全面小康是总体小康的发展和完善。

中华民族伟大复兴的中国梦目标

全面建成小康社会的阶段性战略目标，是马克思主义理论与中国社会主义建设实践相统一的结果。全面建成小康社会目标早已设定，如何持续有效推进，如期保质保量实现全面建成小康社会目标，需要中国共产党具备巨大的政治勇气与责任担当，更需要具备谋篇布局统筹能力与贯彻执行推动力量。以"实现中华民族伟大复兴中国梦"凝心聚力，以"四个全面"统筹推进正是显示了以习近平为核心的党中央的这种担当与能力。

习近平总书记用"雄关漫道真如铁"，"人间正道是沧桑"，"长风破浪会有时"三句古诗概括了中华民族发展的昨天、今天和明天。2012年1月29日,总书记在参观"复兴之路"展览时指出,"实现中华民族伟大复兴,就是中华民族近代以来最伟大的梦想。这个梦想凝聚了几代中国人的夙愿,体现了中华民族和中国人民的整体利益,是每一个中华儿女的共同期盼"。国家富强、民族振兴、人民幸福是中国梦的丰富内涵。走中国道路、弘扬中国精神、凝聚中国力量,是实现中国梦的现实路径。

在党的十八大提出的"全面建成小康社会"目标的基础上,2014年12月,习近平总书记在江苏考察工作时强调,要协调推进全面建成小康社会、全面深化改革、全面依法治国,全面从严治党,推动改革开放和社会主义现代化建设迈上新台阶,第一次提出了"四个全面"的战略布局。其中全面建成小康社会是战略目标,全面深化改革、全面依法治国、全面从严治党是战略举措。到2020年全面建成小康社会,是实现中华民族伟大复兴的中国梦的"关键一步";全面深化改革是全面建成小康社会的动力源泉,是实现中国梦的"关键一招";全面依法治国是全面深化改革的法治保障和全面建成小康社会的重要基石;全面深化改革、全面依法治国如鸟之两翼、车之双轮,推动着全面建成小康社会目标的实现;全面从严治党则是全面建成小康社会、全面深化改革、全面依法治国的必然要求和根本保证。2013年党的十八届三中全会通过了《中共中央关于全面深化改革若干重大问题的决定》,提出全面深化改革的总目标是完善和发展中国特色社会主义制度,推进国家治理体系和治理能力现代化。2014年党的十八届四中全会通过《中共中央关于全面推进依法治国若干重大问题的决定》,提出全面推进依法治国,建设中国特色社会主义法治体系,建设社会主义法治国家。2016年党的十八届六中全会研究全面从严治党的重大问题,制定新形势下党内政治生活若干准则,修订《中国共产党党内监督条例(试行)》。"四个全面"战略布局协调推进,开创了中国特色社会主义建设的新局面。"四个全面"是实现中华民族伟大复兴中国梦的战略布局，体现了发展理念和实践的系统性、整体性和协同性。

2015年党的十八届五中全会通过了《中共中央关于制定国民经济和社会发展第十三个五年规划的建议》，提出实现"十三五"时期发展目标，破解发展难题，厚植发展优势，必须牢固树立创新、协调、绿色、开放、共享的发展理念。创新是引领发展的第一动力，协调是持续健康发展的内在要求，绿色是永续发展的必要条件和人民对美好生活追求的重要体现，开放是国家繁荣发展的必由之路，共享是中国特色社会主义的本质要求。坚持创新发展、协调发展、绿色发展、开放发展、共享发展，是关系我国发展全局的一场深刻变革。

"五大发展理念"坚持问题导向，聚焦突出问题和明显短板，顺应了我国经济发展新常态的现实要求，回应了人民群众的热切期盼，具有极强的思想性、战略性、前瞻性和指导性。对于破解我国当前经济社会发展难题，厚植已有发展优势，增强发展新动力，对于实现"四个全面"协调发展、"五位一体"总布局协调推进，实现全面协调可持续发展，具有重大的理论突破与实践指导意义。

"五大发展理念"坚持以人为本的科学发展观指导全面建成小康社会，始终把最广大人民群众的根本利益作为一切工作的出发点和落脚点，把促进人的全面发展贯穿于全面小康建设的全过程和经济、政治、文化、社会建设的各方面，推进人与社会和谐发展。

全面建成小康社会蕴含的公平正义思想

全面建成小康社会是经济与社会全面协调发展的小康，在发展经济的同时，还要求民主更加健全，文化更加繁荣，社会更加和谐，生态环境更加美好。反映了人民对于政治、经济、文化、社会、生态"五位一体"全方位公平正义的期望，习近平治国理政新思想、新理念、新战略也全方位地回应了人民的公平正义需要。党的十六大提出，全面建成小康社会是以实现人的全面发展为目标，从人民群众的根本利益出发谋发展、促发展，不断满足人民群众日益增长的物质文化需要，切实保障人民群众的经济、政治和文化权益，让发展的成果惠及全体人民。我们将坚持以人为本，全面推进经济建设、政治建设、文化建设、社会建设、生态文明建设，促进现代化建设各个方面、各个环节相协调，建设美丽中国。

政治方面建设的重点是，坚持中国特色社会主义政治发展道路，坚持党的领导、人民当家做主、依法治国有机统一，进一步扩大社会主义民主，全面落实依法治国基本方略，推进国家治理体系和治理能力现代化。习近平总书记在首都各界纪念现行宪法公布施行30周年大会上强调"我们要依法公正对待人民群众的诉求，努力让人民群众在每一个司法案件中都能感受到公平正义，绝不能让不公正的审判伤害人民群众感情、损害人民群众权益"要坚持依法治国，"维护社会公平正义，实现国家和社会生活制度化、法制化"。在党的十八届四中全会上，他再次强调"全面推进依法治国，是解决党和国家事业发展面临的一系列重大问题，解放和增强社会活力、促进社会公平正义、维护社会和谐稳定、确保党和国家长治久安的根本要求"。坚持"三位一体"的中国特色社会主义政治道路就是坚持人民享有平等政治权力；建设法治社会、法治国家，用法治来维护公平正义，是人民享有各项平等权益的有力保证；治理体系现代化是保证人民充分享有政治平等权力的重要途径。

经济方面建设的重点是，要使市场在资源配置中起决定性作用和更好发挥政府作用，通过供给侧结构性改革适应、把握、引领经济发展新常态，转变经济发展方式，走中国特色新型工业化、信息化、城镇化、农业现代化道路，实施创新驱动发展战略，健全城乡发展一体化体制机制。鉴于国内经济发展，全面建成小康社会的新形势、新背景，由"效率优先，兼顾公平"转向经济改革更强调坚持公平正义的社会主义方向，走向共同富裕。

文化方面的重点是，培育和践行"马克思主义指导思想、中国特色社会主义共同理想、以爱国主义为核心的民族精神和以改革创新为核心的时代精神、社会主义荣辱观"构成的社会主义核心价值体系，培育和践行"富强、民主、文明、和谐，自由、平等、公正、法治，爱国、敬业、诚信、友善"的社会主义核心价值观，全面提高人民的综合素质。中国特色社会主义核心价值观把"平等、公正"作为社会层面价值观，是在坚持马克思主义指导思想的基础上，融合中国传统文化，借鉴西方先进文化，对社会主义本质的深入认识。

社会方面建设的重点是保障和改善民生，解决好教育、就业、收入分配、社会保障、医疗卫生和社会管理等直接关系人民群众根本利益和现实利益的问题。习近平总书记在十八届中共中央政治局第一次集体学习时强调，"公平正义是中国特色社会主义的内在要求，所以必须在全体人民共同奋斗、经济社会发展的基础上，加紧建设对保障社会公平正义具有重大作用的制度，逐步建立社会公平保障体系"。在第十二届全国人民代表大会第一次会议上的讲话中，他再次指出，"我们要随时随刻倾听人民呼声、回应人民期待，保证人民平等参与、平等发展权利，维护社会公平正义，在学有所教、劳有所得、病有所医、老有所养、住有所居上持续取得新进展，不断实现好、维护好、发展好最广大人民根本利益，使发展成果更多更公平惠及全体人民，在经济社会不断发展的基础上，朝着共同富裕方向稳步前进"。民生是维护弱势群体和社会底层生存与发展的重要屏障，保障民生是伸张公平正义的基础。

生态方面建设的重点是，正确处理好经济发展同生态环境保护的关系，建设资源节约型、环境友好型社会，努力走向社会主义生态文明新时代。习近平总书记讲，"要正确处理好经济发展同生态环境保护的关系，牢固树立保护生态环境就是保护生产力、改善生态环境就是发展生产力的理念，更加自觉地推动绿色发展、循环发展、低碳发展,绝不以牺牲环境为代价去换取一时的经济增长"。① 地球是全人类的,资源与生态环境是全体人民的,通过生态文明建设使人民平等地享受美丽中国,是社会主义应有的公平正义生态观。

此外,习近平治国理政最突出的特点与成绩就是加强党的建设,大力反腐,深刻体现了习近平总书记取消党内特权的公平正义党建观。在中共中央政治局第一次集体学习时,习近平就指出,如果不根治腐败,必会导致亡党亡国,"反对腐败、建设廉洁政治,保持党的肌体健康,始终是我们党一贯坚持的鲜明政治立场。党风廉政建设,是广大干部群众始终关注的重大政治问题。'物必先腐,而后虫生。'近年来,一些国家因长期积累的矛盾导致民怨载道、社会动荡、政权垮台,其中贪污腐败就是一个很重要的原因。大量事实告诉我们,腐败问题愈演愈烈,最终必然会亡党亡国!""各级党委要旗帜鲜明地反对腐败,更加科学有效地防治腐败,做到干部清正、政府清廉、政治清明,永葆共产党人清正廉洁的政治本色。各级领导干部特别是高级干部要自觉遵守廉政准则,严于律己,加强对亲属和身边工作人员的教育和约束,绝不允许以权谋私,绝不允许搞特权。"

全面加强党的建设,首先要加强党的思想建设,加强党员理想信念教育。2015年6月,在纪念陈云同志诞辰110周年座谈会上,习近平总书记提出"理想信念就是共产党人精神上的'钙',没有理想信念,理想信念不坚定,精神上就会'缺钙',就会得'软骨病'"。"共产党员特别是党员领导干部要做共产主义远大理想和中国特色社会主义共同理想的坚定信仰者和忠实执行者。对马克思主义的信仰,对社会主义和共产主义的信念,是共产党人的政治灵魂,是共产党人经受住任何考验的精神支柱。"以思想建党为引领,以制度建党为规范,要高度重视制度建党工作。习近平指出,党建工作最根本的是严

---

① 习近平:《习近平总书记系列讲话精神学习读本》,中共中央党校出版社2013年版,第85页。

格遵循执政党建设规律进行制度建设,不断增强党内生活和党的建设制度的严密性和科学性,既要有实体性制度又要有程序性制度,既要明确规定应该怎么办又要明确规定违反规定怎么处理,减少制度执行的自由裁量空间,推进党的建设的科学化、制度化、规范化。2016年党中央推出了《关于新形势下党内政治生活的若干准则》和《中国共产党党内监督条例》,科学的制度设计,严格的制度执行,有力的制度监督,使从严治党落到实处。思想反腐、制度反腐,最终都要落实到实际行动上,才能使反腐切实具有实效,出台"八项规定",开展"三严三实""两学一做"教育,把权力关进制度的笼子,坚决实行"老虎"和"苍蝇"一起打,党的十八大以来,反腐成绩令全体国人瞩目,以大力反腐是维护社会以公平正义深得民心民意。

第五章

黑龙江省全面建成小康社会的现实基础

黑龙江省拥有丰富的自然资源，农业、林业、石油煤矿开采业、重工业具有良好的发展基础。中华人民共和国成立之初，在国家政策的大力倾斜扶持下，重工业发展领先于全国水平。然而，随着中国经济持续高速增长期转向经济发展新常态，由"高速发展"转向"高质量"发展阶段，黑龙江省身负沉重的历史包袱，转型困难重重，全面建成小康社会基础薄弱。黑龙江省既要正视全面建成小康社会的短板，又要正确认清自身发展潜力与相对优势，奋力走出黑龙江省全面振兴发展的一条新路子，决胜全面建成小康社会。

第一节 黑龙江省经济发展概况

黑龙江省自然状况

黑龙江省位于我国东北部，东部和北部与俄罗斯交界，西部与内蒙古自治区相邻，南部与吉林省接壤。黑龙江省总面积为47.3万平方千米，居全国第6位，边境线长达2981.26千米。黑龙江省地形地貌特点是西北部、北部和东南部地势高，东北部、西南部地势低，地形主要由山地、台地、平原和水面构成，地貌特征可概括为"五山一水一草三分田",这样的地貌特征意味着黑龙江省内具有丰富的森林资源,境内绵延着大兴安岭、小兴安岭、张广才岭等山脉。同时黑龙江省水资源较丰富,黑龙江、松花江、乌苏里江、绥芬河等几大河流纵横分布,兴凯湖、镜泊湖、五大连池等湖泊星罗棋布。放眼亚洲,黑龙江省位于东北亚区域的腹地,是亚洲与太平洋地区通往俄罗斯和欧洲大陆的重要陆路通道,是中国沿边开放的重要窗口,现已成为我国对俄罗斯及其他独联体国家开放的前沿,使黑龙江省外贸优势得天独厚。

《2016年黑龙江省国民经济和社会发展统计公报》数据显示,黑龙江省2016年年末常住总人口为3799.2万人,比上年减少12.8万人,人口总量居全国各省市排名第16位,人口增长趋势处于负增长。黑龙江省常住人口中,城镇人口2249.1万人,乡村人口1550.1万人,常住人口城镇化率59.2%,比上年提高0.4个百分点,户籍人口城镇化率49.9%,高于国家统计局统计的全国常住人口城镇化率达57.4%的平均水平,全国排名第11位(详见图5-1)。

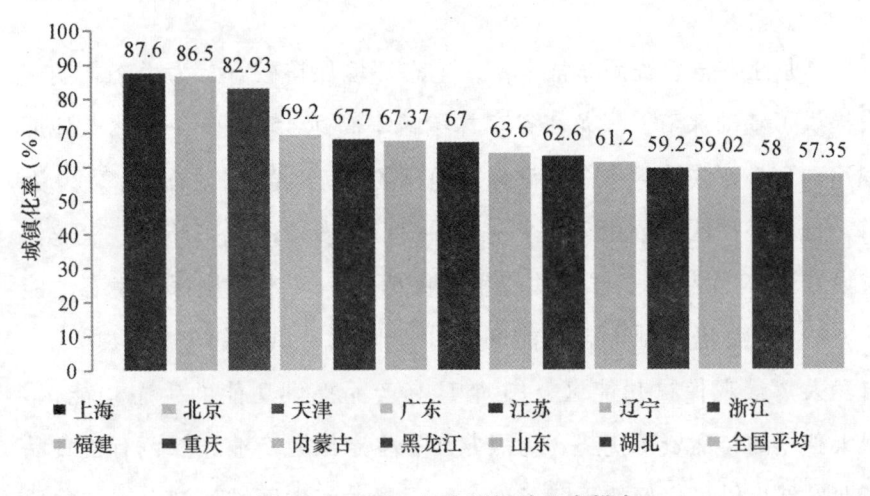

图5-1 2016年全国城镇化率排名

2016年黑龙江省人口年龄构成情况为:0—14岁人口占全省总人

口的比重为 11.0%，比上年下降 0.1 个百分点；65 岁以上人口占全省总人口的比重为 11.6%，比上年提高 0.7 个百分点，人口老龄化趋势较为明显。人口主要构成情况（详见表 5-1）。

表 5-1　　　　　　　　2016 年黑龙江省主要人口构成情况

指标	年末数（万人）	比重（%）
年末常住总人口	3799.2	100.0
#城镇人口	2249.1	49.2
乡村人口	1550.1	40.8
#男性人口	1918.1	50.5
女性人口	1881.1	49.5
#0—14 岁人口	416.0	11.0
15—64 岁人口	2942.5	77.4
65 岁及以上人口	440.7	11.6

数据来源：《2016 年黑龙江省国民经济和社会发展统计公报》。

黑龙江省自然资源非常丰富，生态环境保持较好，为生态文明建设提供了基础保障。黑龙江省森林覆盖率高达 45.73%，天然湿地面积达到 556 万公顷，占全国湿地总面积的 1/7，草原禁牧面积 2880 万亩，自然保护区总数达 248 个。为保护形态多样的生态环境，黑龙江省设立了 29 个生物多样性功能生态保护区，27 个土壤保持生态功能区，6 个沙漠化控制生态功能区，11 个防洪蓄洪功能生态区，23 个自然人文景观保护功能区，13 个具有产品提供功能的生态功能区。得天独厚的自然资源优势，为黑龙江省生态旅游产业和绿色有机食品产业发展提供了良好的天赋条件，成为黑龙江省区域经济发展的重要支撑。

黑龙江省的自然资源状况，决定了黑龙江省是我国天然农业大省，长期历史积淀形成了较为发达的农业优势产业。黑龙江省全省耕地面积达15940850.84公顷，占全省土地总面积的33.87%，人均耕地面积0.416公顷，高于全国人均耕地水平。林地面积23245157.92公顷，占49.39%，森林面积2097.7万公顷，活立木总蓄积量18.29亿立方米；草地面积2034742.68公顷，占4.32%。黑龙江省共有草地面积207.1万公顷，占全省土地总面积的4.4%。天然湿地面积556万公顷，居全国第4位，占全国天然湿地的1/7。全省年平均水资源量810亿立方米，其中地表水资源686亿立方米，地下水资源124亿立方米。

黑龙江省矿产资源储量丰富且种类繁多，截至2015年年底，共发现各类矿产135种，其中石油、煤炭、天然气、地热、铀矿等矿产资源在全国占有重要地位，大庆油田更曾是世界特大油田之一。丰富的矿产资源在一定程度上奠定了黑龙江省工业发展的资源型发展路径。

黑龙江省经济产业结构发展概况

黑龙江省人口和自然资源状况有利于发展农业、重工业，在长期历史发展过程中，也逐渐形成了以农业、制造业占比较大的产业结构状况，是我国重要的老工业基地之一。黑龙江省经济产业结构的变迁分为三个阶段：第一阶段，中华人民共和国成立初期基本是单一农业经济；第二阶段，从1956年至1980年，服从国家整体工业化发展战略，黑龙江省工业迅速发展，逐步形成了地方支柱产业；第三阶段，改革开放后，随着国家经济逐渐转型，第三产业服务业比重不断上升。

因为中国由半殖民地半封建社会过渡到社会主义社会，黑龙江省也在全国社会发展总体背景中，由封建制度下以单一农业经济为主发展起来的，中华人民共和国成立初期，农业是黑龙江省的绝对支柱产业，工业和第三产业极其弱小。自1949年以来，黑龙江省就承担了国家重要粮食生产基地的历史使命，农业取得了快速发展，耕地面积不断扩大，粮食产量连年增长（详见表5-2），国营农场耕地面积202万公顷，建立起一批大规模农田基础设施。1980年，黑龙江省建有排灌站5471座，水库427座，打机电井5.5万眼，防涝面积达236万公顷，农田有效灌溉面积由1949年的12.7万公顷扩大到76.6万公顷，治理水土流失面积164万公顷，拥有农业机械总动力110.5亿瓦特，机播、机耕、机收面积占比均高居全国首位，成长为我国重要农业大省、粮食生产基地。现代农业是黑龙江省农业发展重点，以新型农业经营体系建设为核心发展规模化农业经济，持续推进亿亩高标准生态农田建设，不断培养绿色有机食品种植特色与优势，截至2015年年末，黑龙江省农民合作社已达7.9万个，家庭农场10.6万个，现代综合经营性农民合作社1224个，入社社员22.1万户，入社土地1223.7万亩。截至2016年年末，黑龙江省现代农机合作社已达1224个，其中规范社190个，省级规范社75个。

表5-2　　　　　　　　2011—2016年黑龙江省粮食产量

指标＼年份	2011	2012	2013	2014	2015	2016
粮食产量（万吨）	5570.7	5761.5	6004.1	6242.2	6324.0	6058.5
居全国位次	1	1	1	1	1	1
第一产业增加值（亿元）	1701.5	2113.6	2516.8	2611.4	2633.5	2731.7

数据来源：《2016年黑龙江省国民经济和社会发展统计公报》。

1953年，随着国家五年发展规划开始实施，在"一五"规划期间，凭借与苏联接壤的便利地理位置优势，国家把黑龙江省作为全国重要工业基地培养，在苏联援助中国建设的156个工业项目中，黑龙江省独占22项，国家在黑龙江省的基本建设投资总额，计划规定为25.6亿元，占国家工业总投资的10.3%。随之，被称为"三大动力"的哈尔滨电机厂、哈尔滨汽轮机厂和哈尔滨锅炉厂应运而生，同时还诞生了哈尔滨轴承厂、哈尔滨伟建机器厂（现哈飞集团前身）、哈尔滨东安机械厂、哈尔滨东北轻合金厂、哈尔滨量具刃具厂、哈尔滨电碳厂、哈尔滨电表仪器厂、阿城继电器厂、佳木斯造纸厂、中国第一重型机械集团公司、鹤岗兴安台10号立井、鹤岗东山1号立井、鹤岗兴安台洗煤厂、鸡西城子河9号立井、鹤岗兴安台2号立井、双鸭山洗煤厂、友谊农场、齐齐哈尔钢铁厂等一批重工业企业，由此奠定了东北老工业基地之一的经济地位，工业的快速发展使黑龙江省成为全国工业大省，GDP总量曾高居全国之首，被称为"共和国长子"。在国家的大量投资和基础项目支持下，黑龙江省工业企业快速增加，工业企业数量由新中国成立初的5227个增加到1960年的17790个，其中大中型企业392个。主要工业产品包括木材、原油、货车、联合收割机、发电设备、防爆电机、森铁机车、木工机械、林业拖拉机、亚麻布、铝材、乳制品、人造板等，上述产品产量均居全国首位。改革开放后，黑龙江省产业结构不断调整，虽然重工业仍占主导地位，但轻工业和第三产业也得到了快速发展，国民生产总值中第三产业所占比重由1980年的15.7%上升到1990年的26.9%。这有利于地区经济的发展，也符合产业结构调整需求。

改革开放后，随着对俄经济贸易的全面展开，随着城镇化进程的不断推进，黑龙江省经济也不断转型升级，虽几起几落但总的趋势是不断实现对第一产业和第二产业的超越。黑龙江省第三产业产值所占比重由1952年的23.8%上升至1964年的26.8%，1979年又下降到15.5%，至2015年又上升至47%，相比较于1952年占比增长近一倍。与之相对应，第一产业产值比重大幅度下降，由1952年的45.8%降至2015年的22%；第二产业占比经过了大起大落的涨跌变化，到当前已基本保持稳定，1952年黑龙江省第二产业比重为30.4%，1978年增加到61%，至2015年又回落到31%，且保持了基本稳定。在黑龙江省第三产业的发展中，凭借着独特的冰雪、森林、温泉、湿地等自然旅游资源优势，以及边境、建筑、历史等文化旅游资源优势,黑龙江省旅游产业发展最为迅速。同时信息产业、外贸产业、金融产业等也都发展较快。

综合看来,黑龙江省三大产业结构虽然存在一定问题,但由传统重工业不断向轻工业、第三产业、新兴现代产业转型,总体发展趋势日趋合理化。

黑龙江省产业结构发展面临的问题

黑龙江省虽然是全国农业大省,但也因此造成了经济发展对农业的依赖性较强,使农业仍然居于地区经济发展的基础性地位。而且黑龙江省农业现代化程度低,农业区域化总体布局不完善,农业标准化生产、产业化经营还不成形。城乡一体化发展水平不高,农业现代化与工业化、城镇化的相互依托关系还没有完全形成,特别是县域经济对农业现代化转型的带动作用不明显。粮食产品品种单一,水稻、玉米、大豆三种主要农作物播种面积占全省农作物播种面积的90%以上,不但产品利润低,而且农民由此承担的农业种植风险较大。以绿色有机食品为代表的特色农业产品发展滞后,没有很好地实现由资源优势向经济优势的转移。

黑龙江省作为老工业基地,轻重工业比例失调的问题长期存在,资源开采业和重化工业占比长期高达65%以上,传统重工业转型困难,成为黑龙江省经济发展的突出问题。长期以来,黑龙江省重工业以资源开采、加工制造为主,工业资源依赖严重,工业产品中大约80%为资源密集型产品或初级加工产品,产品同质化程度高、附加值低。黑龙江省经济中国有企业占比过重,民营企业力量薄弱,经济发展动力与活力不足,老型国有企业市场化转型包袱重。近年来高新技术工业虽有所发展,但比重仍然较低,结构发展缺乏内生动力。

黑龙江省第三产业发展较快,对全省经济增长起到一定支撑作用。2016年黑龙江省第三产业增长速度居三次产业之首,服务业对全省经济增长的贡献率达到80.1%，拉动全省经济增长4.8个百分点，成为地区经济稳增长的主要力量。但是服务业发展质量总体不高，发展规模不大，生产性服务业供给不足，生活性服务业水平不高，服务业的发展整体滞后于经济社会需求。

黑龙江省作为东北老工业基地之一，在社会主义建设初步探索时期，为建成我国独立、完整的工业体系和国民经济体系，做出了重大历史贡献。东北原油产量占全国的2/5，木材产量占全国的1/2，汽车产量占全国的1/4，造船产量占全国的1/3。改革开放带来了全国性经济的快速增长，在全国经济发展大潮下，20世纪90年代以前，黑龙江省经济也取得了较快增长，但就增长速度而言，相比较于中华人民共和国成立初期，或者相比较于发达地区还是相对落后。黑龙江省GDP和工业增加值由改革开放初的近15%和20%下降到10%以下。2003年10月，中共中央、国务院发布《关于实施东北地区等老工业基地振兴战略的若干意见》，明确提出了实施振兴战略的指导思想、方针任务和政策措施。在国家投资政策倾斜下，黑龙江省经济发展复苏，但黑龙江省经济发展的根本问题在于：国有经济体制性问题和产业结构性矛盾突出，工业企业设备和技术老化等原因导致的工业竞争力下降，就业矛盾突出，资源性城市主导产业衰退等问题，使得经济发展动力不足，增长步伐仍然相对比较缓慢。从全国各省横向比较来看，1980年黑龙江省的GDP与东部6省市的平均值大体相当，而自2011年开始，GDP增速出现拐点，至2015年黑龙江省GDP增速降为5.7%，大大低于全国平均水平，GDP总量仅为东部6省市的46.2%，人均GDP仅是上海的1/4。2016年，黑龙江省GDP增速更是降至全国第29位。黑龙江省经济出现断崖式下滑。

黑龙江省作为东北老工业基地之一，存在的问题主要在于产业结构问题，简单依靠短期投资等外生动力难以解决，必须着眼于产业结构调整，培养经济发展内生动力，才能彻底摆脱"振兴—衰落—再振兴"的发展魔咒。

第二节 黑龙江省全面建成小康社会扬帆起航

　　黑龙江省是我国重要的老工业基地，也是我国资源大省、农业大省。作为老工业基地，历史上，黑龙江工业以重工业为主，哈尔滨电机厂、哈尔滨汽轮机厂和哈尔滨锅炉厂三个国家大型装备工业企业，曾被合称为"三大动力"。随着国家产业升级大潮的涌动，黑龙江省不断调整工业结构，大力发展高端制造业、航空航天、机械、石油、煤炭、木材和高效农牧业、食品工业。作为资源大省，黑龙江省矿产和森林资源丰富，有目前中国最大的油田——大庆油田，有鸡西、鹤岗、双鸭山及七台河四大煤矿，有大小兴安岭丰富的林业源，是我国重要的能源工业基地。作为农业大省，黑龙江省沃野千里，农用地面积3950.2万公顷，占全省土地总面积的83.5%，主要出产玉米、大豆等农产品，是我国重要的商品粮基地。

　　根据国家全面建设小康社会的总体要求，早在2004年黑龙江省就组织有关部门制定了《全面建设小康社会黑龙江省城乡规划指导意见》，分2004—2010年、2011—2020年两个阶段将黑龙江省建成小康社会，并赋予了该省全面建设小康社会的量化标准。这一标准共设有城乡经济发展水平、城乡社会发展水平、城乡基础设施水平、城乡生态环境水平4大类19小类共54项指标。按全省平均水平、大城市、中等城市、小城市、集镇和村庄分设六级，并具体设置各级标准。具体指标见表5-3至表5-6。

　　截至2010年，全国全面小康建设取得了阶段性成果，国家统计局统计科学研究所和各地统计研究部门对2000—2010年全国及各地全面建设小康社会进程进行了统计监测。结果表明，2010年我国全面建设小康社会的实现程度达到了80.1%，比2000年提高了20.5个百分点。具体数据见表5-3。

第五章 黑龙江省全面建成小康社会的现实基础

表5-3 黑龙江省全面小康建设城乡经济发展水平指标

指标类别	指标名称	单位	全省平均 2010	全省平均 2020	大城市 2010	大城市 2020	中等城市 2010	中等城市 2020	小城市 2010	小城市 2020	集镇 2010	集镇 2020	村庄 2010	村庄 2020
经济增长	国内生产总值年均增长率	%	9.4	7.5	10	8.5	9.5	7.5	8.5	7	8	7	7	7
经济总量	人均国内生产总值	美元/人	2500	5000	5000	10000	3000	6000	2000	4000	1250	2500	750	1500
经济结构	第三产业增加值占国内生产总值比重	%	38	45	50	60	40	50	35	40	30	35	—	—
外向度	进出口总额占国内生产总值比重	%	15	25	20	30	15	25	10	20	10	20	—	—
产业层次	高新技术产品产值占工业总产值比重	%	18	25	25	40	20	30	10	20	5	10	—	—

数据来源：国家新型城镇化规划（2014—2020年）。

表 5-4　黑龙江省全面小康建设城乡社会发展水平指标

指标类别	指标名称	单位	全省平均 2010	全省平均 2020	大城市 2010	大城市 2020	中等城市 2010	中等城市 2020	小城市 2010	小城市 2020	集镇 2010	集镇 2020	村庄 2010	村庄 2020
人口与就业	人口自然增长率	‰	4	3	3	2	4	3	4	3	5	4	5	4
	婴儿死亡率	‰	26.3	18.4	20	13	22	15	25	18	28	20	30	25
	人均期望寿命	岁	73	74	74	75	73	74	72	73	71	72	70	71
	城镇化水平	%	60	65	80	90	75	85	60	65	—	—	—	—
	城镇登记失业率	%	4	3	4	3	4	3	4	3	—	—	—	—
	恩格尔系数	%	35	30	30	25	35	30	40	35	40	35	45	40
生活水平	城镇人均住宅建筑面积	m²/人	25	30	23	28	25	30	30	36	—	—	—	—
	农村人均钢筋砖木结构住房面积	m²/人	18	26	—	—	—	—	—	—	18	26	18	26
	城镇居民人均可支配收入	元/人	10880	20000	12000	25000	10000	20000	8000	15000	—	—	—	—
	农民人均纯收入	元/人	4130	8000	—	—	—	—	—	—	4130	8000	4130	8000
	城乡居民家庭计算机普及率	%	10	20	35	50	25	35	10	20	8	15	5	10

续表

指标类别	指标名称	单位	全省平均 2010	全省平均 2020	大城市 2010	大城市 2020	中等城市 2010	中等城市 2020	小城市 2010	小城市 2020	集镇 2010	集镇 2020	村庄 2010	村庄 2020
文化教育	人均受教育年限	年	10	12	12	13	12	13	10	12	10	12	9	10
文化教育	大学入学率	%	23	30	25	50	23	30	20	25	15	20	5	10
文化教育	成人识字率	%	90	95	95	99	92	95	90	93	90	93	85	90
文化教育	教育支出占生活支出比重	%	12	15	15	20	12	15	10	13	10	13	5	10
文化教育	文化支出占生活支出比重	%	3	5	5	10	3	5	3	5	2	4	2	4
科学技术	每万人拥有科技人员数	人/万人	500	800	700	1000	500	800	400	600	300	500	100	200
科学技术	科技进步贡献率	%	45	55	55	60	45	55	40	50	40	50	40	50
科学技术	研究与发展经费支出占国内生产总值比重	%	1.5	2.5	2.5	4	1.5	2.5	1	1.5	0.5	1	—	—
医疗卫生	每万人拥有医生数	人/万人	30	40	40	50	30	40	20	30	20	30	15	25
社会保障	城镇从业人员养老、医疗、失业保险综合覆盖率	%	80	100	90	100	80	100	75	100	—	—	—	—

数据来源：国家新型城镇化规划（2014—2020年）。

表 5-5　黑龙江省全面小康建设城乡基础设施水平指标

指标类别	指标名称	单位	全省平均 2010	全省平均 2020	大城市 2010	大城市 2020	中等城市 2010	中等城市 2020	小城市 2010	小城市 2020	集镇 2010	集镇 2020	村庄 2010	村庄 2020
道路交通	人均拥有高级、次高级铺装道路面积	m²/人	8.5	10	10	12	8.5	10	6.5	8	5.5	7.5	3.5	5
	每万人拥有公共汽车	标台/万人	7	9	9	12.5	8	9	6	7	4	5	—	—
	每万人拥有出租汽车	辆/万人	10	14	20	25	10	15	5	10	3	5	—	—
	每万人拥有停车场面积	m²/万人	7000	8500	9000	10000	8000	9000	7000	8000	4000	6000	—	—
	每万人小汽车拥有量	辆/万人	450	900	800	1200	500	1000	300	800	100	600	—	—
	道路网密度	Km/km²	6—8	7—9	5—6.5	5.3—7	5—6	5.2—6.6	6—8	6—9	8—11	11—14	—	—
给水排水	用水普及率	%	92.2	96.6	98	100	98	100	95	98	90	95	80	90
	人均综合生活用水量	L/人·d	150	194	210	280	180	220	150	190	120	160	60	80
	污水处理率	%	50	60	70	80	60	70	60	70	—	—	—	—
供热	集中供热普及率	%	42	53	42	50	42	50	42	60	—	—	—	—

第五章 黑龙江省全面建成小康社会的现实基础

续表

指标类别	指标名称	单位	全省平均 2010	全省平均 2020	大城市 2010	大城市 2020	中等城市 2010	中等城市 2020	小城市 2010	小城市 2020	集镇 2010	集镇 2020	村庄 2010	村庄 2020
燃气	燃气普及率	%	85	92	90	95	90	95	85	90	75	85	20	40
	每百户居民管道燃气普及率	%	30	47	50	60	40	50	30	40	—	—	—	—
电力	人均生活用电量	Kwh/人年	800	1100	2000	2500	1000	1500	500	800	300	400	200	300
电信	电话普及率	%	74	90	100	120	90	100	80	90	60	80	40	60
	网络端口普及率	%	8	15	25	40	15	25	8	15	5	10	2	5
	有线电视入户率	%	86	94	100	100	98	100	90	98	80	90	60	80
环境卫生	每万人拥有公共厕所个数（水冲式）	座/万人	6	6	7	7	6	6	6	6	5	6	—	—

数据来源：国家新型城镇化规划（2014—2020 年）。

表 5-6 黑龙江省全面小康建设城乡生态环境水平指标

指标类别	指标名称	单位	全省平均 2010	全省平均 2020	大城市 2010	大城市 2020	中等城市 2010	中等城市 2020	小城市 2010	小城市 2020	集镇 2010	集镇 2020	村庄 2010	村庄 2020
区域生态环境	森林覆盖率	%	44.3	44.5	—	—	—	—	—	—	—	—	—	—
	自然保护区面积占国土面积比重	%	10	12	—	—	—	—	—	—	—	—	—	—

续表

指标类别	指标名称	单位	全省平均 2010	全省平均 2020	大城市 2010	大城市 2020	中等城市 2010	中等城市 2020	小城市 2010	小城市 2020	集镇 2010	集镇 2020	村庄 2010	村庄 2020
城乡生态环境	人均公共绿地面积	m²/人	9	12	8	10	9	12	10	13	10	13	—	—
	城市绿化覆盖率	%	35	37	33	35	35	37	37	39	37	39	—	—
	城市绿地率	%	30	35	28	33	30	35	32	37	32	37	—	—
	二氧化硫年平均浓度	mg/m³	0.06	0.06	0.06	0.06	0.06	0.06	0.06	0.06	0.06	0.06	0.06	0.06
	大气总悬浮微粒平均值	mg/m³	0.2	0.2	0.2	0.2	0.2	0.2	0.2	0.2	0.2	0.2	0.2	0.2
	地表水环境质量按功能区划达标率	%	65	95	60	95	65	95	70	90	70	90	65	98
	城乡道路交通和区域环境噪声达到国家标准达标率	%	68	98	60	95	60	95	70	100	70	100	80	100
	固体废物综合利用率	%	60	88	60	90	60	90	50	85	50	85	80	95
	生活垃圾无害化处理率	%	50	80	50	80	50	80	50	80	50	80	50	80

数据来源：国家新型城镇化规划（2014—2020年）。

表 5-7 2000—2010 年中国全面建设小康社会的实现程度

指标\年份	2000	2002	2004	2006	2008	2010
小康社会	59.6	61.8	64.8	69.9	74.7	80.1
经济发展	50.3	54.4	58.2	63.4	69.1	76.1
社会和谐	57.5	57.1	59.9	67.6	76.0	82.5
生活质量	58.3	62.9	67.7	75.0	80.0	86.4
民主法制	84.8	82.5	83.7	88.4	91.1	93.6
文化教育	58.3	60.9	62.2	64.1	64.6	68.0
资源环境	65.4	66.3	67.7	70.6	75.2	78.2

数据来源：国家新型城镇化规划（2014—2020 年）。

与全国全面建成小康社会实现程度相比，2010 年黑龙江省小康社会实现程度达 79.0%，比 2000 年提升 20.9%，经济实力、和谐程度、人民生活、法制建设、文化教育、资源环境等各项指标的实现程度分别达到 78.2%、85.1%、76.9%、93.8%、64.3%、80.0%，较 2000 年分别提升了 27.1%、21.6%、23.4%、14.6%、11.4%、17.5%，高于小康目标的总体进程。数据分析可见，黑龙江省经济发展、民主法制、资源环境建设优于全国平均发展水平，这与黑龙江省经济基础薄弱、资源环境破坏较重有关，但总体小康实现程度还是低于全国平均水平。

"十三五"时期是实现全面建成小康社会奋斗目标的决胜阶段，黑龙江省人民政府制定《黑龙江省国民经济和社会发展"十三五"规划纲要》，确立指导思想：高举中国特色社会主义伟大旗帜，全面贯彻党的十八大和十八届三中、四中、五中全会精神，以马克思列宁主义、毛泽东思想、邓小平理论、"三个代表"重要思想和科学发展观为指导，深入贯彻习近平总书记系列重要讲话精神，坚持全面建成小康社会、全面深化改革、全面依法治国、全面从严治党的战略布局，牢固树立创新、协调、绿色、开放、共享发展理念，坚持发展是第一要务，坚持稳中求进，加快转变发展方式，主动适应和引领经济发展新常态，创新发展实施"五大规划"，推进"中蒙俄经济走廊"黑龙江陆海丝绸之路经济带建设，着力完善体制机制，着力推进结构调整，着力鼓励创新创业，着力保障和改善民生，统筹推进经济建设、政治建设、文化建设、社会建设、生态文明建设和党的建设，加快老工业基地振兴，确保如期全面建成小康社会，为实现第二个百年奋斗目标、实现中华民族伟大复兴的中国梦奠定更加坚实的基础。同时基于发展的现实基础，以经济、生态和民生为重点，明确了具体发展目标：经济综合实力实现新跨越；发展动能转换和经济结构调整取得重大成效；深化改革取得实质性成果；生态文明建设取得显著成效；以对俄合作为重点的全方位对外开放格局基本形成；基础设施建设取得重大进展；人民生活水平和质量明显提高。黑龙江省"十三五"发展规划以转变思想，树立"创新、协调、绿色、开放、共享"新发展理论为前提，明确了围绕困扰黑龙江发展的重大问题和症结，找准短板，精准发力，凝神聚力，在主攻方向、重要领域、关键环节上奋力实现新突破，为全面建成小康社会描绘了具体蓝图。

　　2017年1月，在黑龙江省第十二届人民代表大会第六次会议上，黑龙江省省长陆昊作了《2017年黑龙江省政府工作报告》，报告提出要"认真学习贯彻习近平总书记系列重要讲话特别是对我省两次重要讲话精神，深入贯彻落实党中央、国务院关于东北振兴的决策部署，在省委的正确领导下，创新实施'五大规划'，大力发展十大重点产业，加快建设'龙江丝路带'。面对油煤粮木集中负向拉动的严峻挑战，注重激发内生动力，注重发展动能转换，注重新增长领域培育，新的增长因素和力量正进一步汇集，全省经济在预期中运行，民生持续改善，实现'十三五'平稳开局"。而且，报告提出了黑龙江省经济发展的具体指标，预计全省地区生产总值增长6.1%左右，固定资产投资增长5.5%，社会消费品零售总额增长10%，公共财政收入下降1.1%，居民消费价格上涨1.5%，城镇新增就业62.9万人，城乡居民人均可支配收入分别增长6.3%、6.6%，单位地区生产总值能耗预计下降3.5%以上。

2017年4月，中国共产党黑龙江省第十二次代表大会胜利召开，大会总结了黑龙江省近五年经济社会发展取得的成就，同时，部署了黑龙江省决胜全面建成小康社会的总体建设思路。大会提出，要"紧密团结在以习近平同志为核心的党中央周围，坚持以习近平总书记系列重要讲话精神和治国理政新理念、新思想、新战略为统领，解放思想、改革创新、凝心聚力、奋发进取，决胜全面建成小康社会，奋力走出黑龙江全面振兴发展的新路子！"要坚持转方式调结构，坚持发展现代农业，坚持保障和改善民生。向资源开发和精深加工要发展，向优势产业和产品延伸升级要发展，向高新技术成果产业化要发展。

黑龙江省贯彻落实全面建成小康社会发展战略，宏观上遵循国家整体发展规划，以新发展理念引领"五位一体"全面协调发展。微观上着眼于黑龙江省发展相对落后的具体省情，发挥中俄边境贸易开放区位优势、资源与技术生产要素优势，以问题为导向，着重解决黑龙江省发展面临的重大经济结构性问题、贫困人口和贫困地区发展面临的民生问题、资源枯竭与环境恶化的生态文明建设问题，努力实现2020年全面建成小康社会发展目标。

第三节 黑龙江省从"总体小康"到"全面小康"的建设基础

黑龙江省经济社会发展总体处于全国落后水平，经济发展速度与数量、民生与生态建设等方面面临的矛盾问题较严重，全面建成小康社会压力较大。从"十一五"到"十二五"，黑龙江省从建设总体小康向全面小康不断迈进，奠定了全面建成小康社会的发展基础。

"总体小康"的历史基础

2010年是总体小康实现的节点，也是开启全面建成小康社会的新起点，《黑龙江省国民经济和社会发展第十二个五年规划纲要（2011—2015年）》，全面总结了至2010年黑龙江省总体小康社会建设取得的成果（详见表5-8），为全面建成小康社会奠定了历史基础。

"十一五"期间，黑龙江省深入实施老工业基地振兴战略，将自身的资源优势最大限度地转化为经济优势和市场竞争优势，推进哈大齐工业走廊建设区、东部煤电化基地建设区、东北亚经济贸易开发区、大小兴安岭生态功能保护区、两大平原农业综合开发试验区、北国风光特色旅游开发区、哈牡绥东对俄贸易加工区、高新科技产业集中开发区"八大经济区"，以及千亿斤粮食产能工程、社会主义新农村建设工程、老工业基地改造工程、重点工业项目建设工程、现代交通网络建设工程、贸易旅游综合开发工程、科教人才强省富省工程、生态环境建设保护工程、创建"三优"文明城市工程、保障和改善人民生活工程等"十大工程"建设，全省经济社会发展取得显著成就。

在经济建设方面，2010年全省地区生产总值达到10235亿元，年均增长11.9%；人均地区生产总值达到3900美元。经济结构有所调整，第二产业占比下降较快。在具体建设项目方面，现代农业建设效果显著，两大平原农业综合开发试验区建设推动粮食生产能力跨上新台阶，农业产业化步伐加快。哈大齐工业走廊建设区、东部煤电化基地建设区已成为带动全省产业集聚发展的龙头。高新科技产业集中开发区建设取得积极进展，自主创新能力不断提高，高新技术产业规模不断扩大。北国风光特色旅游区带动旅游业快速发展，贸易、金融保险、服务外包、现代物流、文化创意等现代服务业发展势头良好。非公有制经济规模日益壮大。城镇化进程稳步推进，城镇化率达到56%。

表5-8　　黑龙江省"十一五"规划主要目标实现情况

指标	2005年	"十一五"目标	2010年	年均增长（%）
地区生产总值（亿元）	2210	10000	10235	11.9
人均生产总值（美元）	1762	3000	3900	17.2
财政一般预算收入（亿元）	318.2	540	712	17.5
五年间累计固定资产投资（亿元）	—	【17000】	【21000】	31.5
第一、第二、第三产业比例	12:54:34	8:54:38	12.7:49.9:37.4	—
研究与实验发展经费支出占地区生产总值比重（%）	0.6	1.1	1.1	
单位地区生产总值能源消耗降低（%）	—	【20】	【20】	-4.4
万元工业增加值用水量（m³/万元）	200	150	150	-5.6
农业灌溉水利用系数	0.47	0.50	0.52	
城镇化率（%）	53.1	56	56	
外贸进出口总额（亿美元）	95.7	240	255	21.7
五年累计增加城镇就业（万人）	—	【300】	【368】	—
转移农村劳动力（万人）		600	520	
国民受教育年限（年）		9.5	9.5	
新型农村合作医疗覆盖率（%）		80	100	
城镇居民人均可支配收入（元）	8273	12160	13856	10.9
农村居民人均纯收入（元）	3221	4520	6210	14
城镇登记失业率（‰）	4.5	5	4.27	
人口自然增长率（‰）	1.95	5	1.8	
耕地保有量（万公顷）	1170	1171	1192	—
森林覆盖率（%）	43.6	47	45.2	—
主要污染物排放总量减少（%）	—	【10】	【10】	

注：【】内为五年累计数。数据来源：《黑龙江省国民经济和社会发展"十二五"规划纲要》。

在民生建设方面，人民生活水平明显提高。城镇居民人均可支配收入年均增长10.9%，农村居民人均纯收入年均增长14%，增幅超过城镇居民人均可支配收入增幅3.1个百分点。就业再就业、社会保障覆盖面、基础教育、职业教育、高等教育"三大教育"、公共卫生、新型农业合作医疗的全覆盖等方面都取得了突出的建设成绩。"供热、供水、供气；污水治理、垃圾治理"的"三供两治"民生建设工程，以及国有林区棚户区改造和农村泥草房改造的"三棚一草"民生建设工程，有效地改善了城乡居民生产生活环境。

在生态环境建设方面，工业污染有所减轻，单位地区生产总值能源消耗和万元工业水增加值用水量明显下降，气污染等环境污染得到有效治理。森林覆盖率有所提高，通过大小兴安岭生态功能区建设成效显著，推进实施天然林保护工程、三北防护林工程、退耕还林工程、湿地保护与恢复工程、重点火险区综合治理工程，实现森林面积、森林蓄积量"双增长"，天然湿地保护面积不断增加，生态环境保护取得较好较果。积极开展平原绿化、沙化治理和小流域治理，水土流失、草地"三化"和生态环境脆弱等问题得到缓解，自然保护区和生物多样性保护工作不断加强。

改革开放步伐明显加快。农村土地管理和使用制度改革稳步推进，集体林权主体改革任务全面完成；国有林权制度改革试点取得积极进展，国有企业产权制度改革不断深化；医药卫生体制改革启动实施；对外开放领域不断扩大，东北亚经济贸易开发区、哈牡绥东对俄贸易加工区建设步伐加快，国际经贸大通道和重点口岸设施建设成效显著。全省外贸进出口总额达到255亿美元，年均增长21.7%；五年累计实际利用外资113亿美元，年均增长11.2%。

在经济社会发展的同时，全面小康社会建设还存在许多矛盾和问题，主要是：经济发展速度相对缓慢，结构性矛盾依然突出；体制机制性障碍没有根本消除，重点领域和关键环节改革任务十分艰巨；对外开放水平不高,开拓"两个市场"、利用"两种资源"、集聚各种生产要素能力较弱;基本公共服务能力薄弱,改善民生任务相当繁重;非公有制经济实力不强,发展环境需要进一步优化等。

"全面小康"的现实基础

又经过五年建设,黑龙江省全面小康建设又取得了新的成果,"十二五"期间取得的成果是全面建成小康社会的现实基础(详见表5-9)。《黑龙江省国民经济和社会发展"十三五"规划纲要(2011—2015年)》总结了"十二五"期间经济发展总体状况,面对经济发展新常态的新背景和改革发展稳定的新任务,黑龙江省实施"两大平原"现代农业综合配套改革试验总体方案、黑龙江和内蒙古东北部地区沿边开发开放规划、大小兴安岭林区生态保护与经济转型规划、全国老工业基地调整改造规划、全国资源型城市可持续发展规划等"五大规划"发展战略,构建了"龙江丝路带",推进新材料产业、生物产业、新能源装备制造产业、新型农机装备制造产业、交通运输装备制造产业、绿色食品产业、矿产钢铁产业、煤化石化产业、林产品加工产业和现代服务业十大重点产业,取得了较好的经济社会发展成就,这是黑龙江省全面建成小康社会的现实基础。

黑龙江省在经济建设方面,总体经济实力不断增强。2015年全省实现地区生产总值15083.7亿元,年均增长8.3%,与国家总体经济发展趋势相一致,经济增长速度有所回落。产业结构调整取得了积极进展,黑龙江省三次产业结构由"十一五"期末的12.6:48.4:39调整为17.5:31.8:50.7,第三产业占比有了大幅度提升。特别是现代农业取得了新的突破,通过实施千亿斤粮食产能工程,开展松嫩平原和三江平原"两大平原"现代农业综合配套改革试验,推进新型农业经营主体、农村土地管理制度、农村金融服务、农产品价格形成机制和农业支持政策改革创新等措施,农业取得了重大发展。截至2015年,黑龙江省共累计建成生态高产标准农田3987万亩,自2011年以来连续保持粮食总产量和商品量全国第一。推进新型城镇化建设，常住人口城镇化率达到58.8%，城镇化发展速度较快。在农业取得大发展的同时，借国家"一带一路"倡议的东风，构建"中蒙俄经济走廊"黑龙江陆海丝绸之路经济带取得了新的突破，由毗邻地区向俄中部及欧洲部分延伸推动对俄合作，通过全方位交流合作提升经贸合作层级。

表5-9　　黑龙江省"十二五"规划主要目标实现情况

指标		2010年	2015年	年均增长（%）
地区生产总值（亿元）		10368.6	15083.7	8.3
服务业增加值比重（%）		39	50.7	【11.7】
社会消费品零售总额（亿元）		4039.2	7640.2	13.6
五年累计实际利用外资额（亿美元）		【113.7】	【223】	—
常住人口城镇化率（%）		55.7	58.8	【3.1】
单位工业增加值用水量降低（%）		【25】	—	【35】
非化石能源占一次能源消费比重（%）		2.3	4.2	【1.9】
单位地区生产总值能源消耗降低（%）		—	3	【18.1】
单位地区生产总值二氧化碳排放降低（%）		—	4.1	【19.3】
主要污染物排放减少（%）	化学需氧量	—	0.5	【11.6】
	二氧化硫	—	0.6	【8】
	氨氮	—	1.2	【11.2】
	氮氧化物	—	0.9	【3.9】
九年义务教育巩固率（%）		99	99.3	【0.3】
城镇新增就业人数（万人）		60	71.7	【380.8】
城镇职工基本养老保险人数（万人）		952.2	1118	【161.5】
城镇保障性安居工程建设（万套）		—	—	【205】
城镇居民人均可支配收入（元）		—	24203	10.4
农村居民人均可支配收入（元）		—	11095	12.9

注：【】内为五年累计数。数据来源：《黑龙江省国民经济和社会发展"十三五"规划纲要》。

在生态建设方面,加大生态环境保护力度,环境质量取得了明显改善,生态得到了较好保护。开复工"三供三治"项目787项,完成投资778亿元。城市供水、燃气、集中供热普及率分别达到96%、89%和74%;城市污水、垃圾处理率分别达到85%、90%,投入24.9亿元用于提高城市机械化清冰雪能力。新增城市绿地8350公顷。加强大小兴安岭生态保护,全面停止国有重点林区天然林商业性采伐,新增森林蓄积量3.1亿立方米。松花江流域水质持续改善,单位地区生产总值能耗比"十一五"末降低18.1%。

在社会民生建设方面,民生持续得到改善。城乡居民人均可支配收入分别达到24203元、11095元,比"十一五"末增长64%、84%,增长显著。累计新增城镇就业380.8万人,城镇登记失业率始终控制在4.5%以内。400多万企业退休人员基本养老金整体增长近1倍,排名由全国第32位上升至第24位。各项低保标准大幅提升。高等学校生均经费标准提高1倍以上。改扩建、新建公办幼儿园1424所。开展"健康龙江"行动,全省人均预期寿命由"十一五"末的73岁增长到76.6岁。累计投资3559亿元,是"十一五"时期的1.9倍,建设保障性住房205万套、改造农村泥草(危)房109.1万户,近千万城乡居民居住环境得到改善。两年建成2604个中心村文化广场,800.6万农村及乡镇人口饮水安全得到解决,119万人口脱贫,"平安黑龙江"建设成效显著,八类主要刑事案件比"十一五"末下降49%。黑龙江省"十二五"时期取得的成就为全省经济社会发展,全面建成小康社会奠定了坚实的基础。

第四节　黑龙江省全面建成小康社会发展目标与重点领域

"十三五"从2016年到2020年,正处于全面建成小康的决胜阶段,如何在这五年中,补齐短板,如期实现全面建成小康社会,是黑龙江省当前面临的最重要的任务。黑龙江省政府制定《黑龙江省国民经济和社会发展"十三五"规划纲要(2016—2020年)》,以贯彻落实"创新、协调、绿色、开放、共享"发展理念为引领,为全面决胜黑龙江省建成小康社会奋斗目标制定了具体发展目标与行动规划,是全省人民共同奋斗决胜小康的行动纲领。

黑龙江省决胜全面小康的发展目标

总体把握国内国外发展新形势,黑龙江省全面建成小康社会面临有利因素,也面临不利影响。从不利因素来看,在国际方面,金融危机深层次影响仍继续存在,近年油价、煤价持续下降,对黑龙江省石油、煤炭工业形成负向拉动;国际市场需求不足,对黑龙江省装备、石化等重点行业发展形成约束传导。在国内方面,新一轮科技革命和产业变革,使黑龙江省面临的国内竞争更加激烈;国内放缓投资、加强治理部分行业产能过剩,直接或间接影响黑龙江省部分传统行业的发展;同时,省内发展还面临着经济发展结构性、资源性、体制性矛盾十分突出;市场经济意识不强、市场化程度不高、市场主体活力不足;发展环境需要大力优化;各级政府部门专业化不够,甚至出现不作为、乱作为、不会作为等明显问题。在正视不利影响的同时,也应认真把握发展机遇,从总体上来看,"十三五"时期黑龙江省仍处于可以大有作为的重要战略机遇期,在国家层面,全面振兴东北老工业基地为黑龙江省发展提供了重要的政策保障;"一带一路"倡议的实施和俄罗斯远东开发战略提速,拓展了黑龙江省对外合作新空间;国家供给侧结构性阵痛过后,将迎来新的发展机遇。黑龙江省要继续不断释放公共资源配置市场化,以及现代农业、高品质食品、"互联网+"、旅游、健康养老、信息服务、对俄合作、科技成果产业化、部分地区的教育文化等产业的发展潜力。

"十三五"期间,黑龙江省经济社会发展的主要指导思想是,"高举中国特色社会主义伟大旗帜,全面贯彻党的十八大和十八届三中、四中、五中全会精神,以马克思列宁主义、毛泽东思想、邓小平理论、'三个代表'重要思想和科学发展观为指导,深入贯彻习近平总书记系列重要讲话精神,坚持全面建成小康社会、全面深化改革、全面依法治国、全面从严治党的战略布局,牢固树立创新、协调、绿色、开放、共享发展理念,坚持发展是第一要务,坚持稳中求进,加快转变发展方式,主动适应和引领经济发展新常态,创新发展实施'五大规划',推进'中蒙俄经济走廊'黑龙江陆海丝绸之路经济带建设,着力完善体制机制,着力推进结构调整,着力鼓励创新创业,着力保障和改善民生,统筹推进经济建设、政治建设、文化建设、社会建设、生态文明建设和党的建设,加快老工业基地振兴,确保如期全面建成小康社会,为实现第二个百年奋斗目标、实现中华民族伟大复兴的中国梦奠定更加坚实的基础"。

为实现全面建成小康社会,黑龙江省要发挥优势产业,补齐民生短板,具体路径是,经济建设三管齐下,一是更快更好地完成"两大平原"现代农业综合配套改革试验,发挥农业现代化的资源与历史优势;二是以结构调整和能源转换为重点,高标准建设哈尔滨新区,积极推动创新驱动和科技成果产业化;三是扎实推进"龙江丝路带"建设,以对俄合作为重点形成全方位对外开放格局。实现到2020年,地区生产总值年均增长6%以上,城乡居民收入增长与经济增长基本同步。补短板要在三个薄弱环节下功夫,一是要补齐"制度短板",加强制度供给,治理体系和治理能力现代化建设要与经济现代化同步,加强"三桥一岛""一轴两环一边"铁路网主骨架、"一圈一边多线"公路网和布局合理的机场体系等基础设施经济发展硬件建设,提高政府效率和效能,加强黑森、森工旅游、九三、完达山等国企改革,调动非公经济的活力和创造力,以实现使市场在资源配置中起决定性作用,同时更好地发挥政府作用;二是要补齐生态短板,减少污染物排放,改善各流域水质,保护天然林资源,进一步提升国家重要生态屏障功能；三是要补齐民生短板，新型城镇化有序推进，质量不断提升；教育、文化、医疗、社保、住房等公共服务体系更加健全。就业更加充分，煤城和林区部分职工向新产业领域转移。现行标准下贫困人口全部脱贫，贫困县全部摘帽。持续提高中低人群收入水平。社会文明程度进一步提高。

黑龙江省决胜全面小康的重点发展领域

根据"十三五"规划发展目标要求，黑龙江省在决胜全面建成小康社会期间，进一步调整一次、二次、三次产业结构，由数量型增长向质量效益型增长转型，是解决经济问题的关键环节，也是经济发展的重中之重。

在农业领域，要创新实施《黑龙江省"两大平原"现代农业综合配套改革试验总体实施方案》，坚持提高国家粮食安全保障能力的基本线，树立提高品质、降低成本、增强竞争力新发展思想，推动农业发展方式从数量向数量质量并重转变，打造国家现代农业生产基地，建设农业强省。到2020年，使第一产业增加值年均增长5%左右。

一是到2020年，粮食综合生产能力稳定在1500亿斤为目标，坚守耕地红线，全面划定永久基本农田，建立耕地保护长效机制，打造国家粮食安全保障基地。推进亿亩生态高产标准农田工程建设，力争新建生态高产标准农田6000万亩，加强农业基础设施建设，推广农业机械化，提高农业劳动生产率，提高国家粮食安全保障能力。

二是优化农业结构，调整种植业结构，按照粮经饲统筹、农林牧渔结合、种养加一体的思路，突出发展优质高效作物种植；加快建立规模化养殖、标准化生产、产业化经营、社会化服务的现代畜牧业生产体系；挖掘农业生态价值、休闲价值、文化价值，推进农业与旅游休闲、教育文化、健康养生等深度融合，因地制宜发展观光农业、体验农业、创意农业等新业态，拓展农业多种功能。

三是发展绿色农业，扩大绿色食品种植面积，建设全国最大、优质安全的绿色、有机农产品生产基地。到2020年，全省化肥使用量减少10%、除草剂减少20%、杀虫和杀菌剂比同等病虫害发生年份减少30%，健全从农田到餐桌的农产品质量安全全过程监管体系，实现全省绿色、有机农产品知名品牌达到240个，认证面积稳定在7400万亩。

四是加快农业服务体系建设，完善农业科技创新服务平台，构建以政府公共服务机构为依托、社会力量参与的多元化农业科技创新服务体系。发展现代种业，加强提高农作物品质、改良跨积温带品种、改善大米口感等良种开发，支持育种、制种基地建设。以粮食烘干仓储设施、粮食收购电子商务平台为重点，加强农产品流通体系建设。实施"互联网+"农业，加快扩大物联网整体测控、现代大农机精准定位及高效配置、智能化节水等精准生产技术及方式应用面积。探索推广农产品、畜产品全生产过程展示营销、网上专卖营销、种植环境的远距离视频体验式营销等多种互联网营销新模式。

在工业领域，创新实施《全国老工业基地调整改造规划》，把产业项目建设作为构建产业新体系的重要手段，创新发展"十大重点产业"，发挥优势、注重工业、多点培育，推进供给侧结构性改革，突出国内有总需求增长空间和龙江有竞争优势的重点行业，加快产业层次向中高端迈进，重塑产业竞争发展新优势。

一是以创新为驱动，加快信息化与工业化深度融合，推动工业转动力、转方式，促进工业提质增效、升级扩量。

二是积极发展新技术、新产业、新业态、新商业模式。发展电力装备制造、航空发动机、燃气轮机、轨道装备、机器人、重型数控机床、汽车、农机具、海洋装备制造等优势高端装备制造业；扩展食品工业和玉米、谷物、畜牧产品、乳制品、经济作物、林木等农林产品，以及石墨、钼、铜、金、高岭土等矿产资源的精深加工；战略性新兴产业为重要支撑的产业新格局，到2020年，规模以上工业增加值年均增长2%左右。

三是培育发展战略性新兴产业，重点发展特种金属新材料、高性能纤维及复合材料、半导体新材料、化工新材料；加强生物技术药物、化学药品与原料药、现代中药研发；培育发展卫星应用、新一代信息技术和空间探测技术溢出产业。

在服务业领域，多角度发展现代服务业，拓展新领域、发展新模式、推广新业态，扩大供给规模，提高服务质量，到2020年，服务业增加值年均增长10%左右。

一是生活性服务业向精细化和高品质转变。创新旅游业发展模式，到2020年，力争全省游客总人数达到1.9亿人次，旅游总收入达到2200亿元；推进社区居家养老服务和"医养结合"，统筹发展养老事业和养老产业（详见表5-10）；加快流通体系建设，发展电子商务，加快商贸服务业发展。

二是推动生产性服务业向专业化和价值链高端延伸。优化金融生态环境，发展金融组织，创新金融服务产品，利用资本市场，增强金融对经济社会发展的支撑能力；布局建设现代物流基础设施，发展多式联运、农产品冷链物流等方式，推进邮政、物流（快递）配送站建设，推广北斗导航、物联网等物流信息系统建设；推动制造型企业中的生产性服务业分离分立和专业化、高端化发展。

2017年4月29日，中国共产党黑龙江省第十二次代表大会《紧密团结在以习近平同志为核心的党中央周围奋力走出黑龙江全面振兴发展新路子》的报告指出，"未来五年，是我省全面贯彻落实习近平总书记系列重要讲话精神和治国理政新理念、新思想、新战略，全面贯彻落实习近平总书记对我省重要讲话精神的重要时期，是我们决战脱贫攻坚、决胜全面小康、实现黑龙江全面振兴发展的关键阶段。我们必须沿着习近平总书记指引的方向奋力前行，牢牢把握'一条新路子'的前进方向、'两个全面'的奋斗目标、'四个坚持'的重大任务、'三长三短'的辩证方法、'五个要发展'的根本路径，紧扣全面建成小康目标顺利实现、全面深化改革激发动力活力、民主法治建设成效显著、全面从严治党落到实处的目标要求，凝心聚力，奋发进取，闯出黑龙江全面振兴发展的新路"。为黑龙江省决胜全面建成小康社会提出了新思想、新路径。

表5-10 黑龙江省"十三五"期间养老服务业发展重点、主要任务及发展目标

发展重点	主要任务	发展目标
养老机构建设	1. 建设市、县两级保障性养老机构61个，新增改造养老床位11980张 2. 新增民办养老机构床位8.8万张以上，通过公建民营转制的养老机构床位1万张以上	每千名老年人口拥有养老床位数达到35张
社区居家养老	新建和改建社区居家养老服务（日间照料）中心（站）、托老所、农村互助幸福院和五保家园等养老服务平台5083个	社区居家养老服务平台覆盖率城市社区达到100%，农村社区达到50%
"医养结合"服务	改造"医养结合"型服务床位13万张	千名老年人拥有"医养结合"型服务床位达到17张以上
养老从业人才队伍建设	1. 建立5个共享型养老服务实训基地 2. 建立10个左右养老服务专业师资培养培训基地	每个市（地）主办的高职院校至少有1个养老服务相关专业

数据来源：《黑龙江省国民经济和社会发展"十三五"规划纲要》。

"十三五"期间，黑龙江省将凭借着得天独厚的大森林、大农业、大矿产自然资源优势和毗邻俄罗斯的地理区位优势，发展旅游优势产业、建设全国第一粮食大省、发挥全国最重要的老工业基地之一的强工业基础优势，将黑龙江省建设成为畜牧强省、工业强省、冰雪经济

强省、边疆文化强省，实现黑龙江省从农业大省、资源大省向农业强省、经济大省的转变。

第五节　黑龙江省全面建成小康社会的薄弱环节

2012年习近平总书记在《在河北省阜平县考察扶贫开发工作时的讲话》中就强调，"全面建成小康社会，最艰巨、最繁重的任务在农村、特别是在贫困地区。没有农村的小康，特别是没有贫困地区的小康，就没有全面建成小康社会"。2013年，他在湖北考察工作时讲话再次强调，"全面建成小康社会，难点在农村。我们既要有工业化、信息化、城镇化，也要有农业现代化和新农村建设，两个方面要同步发展。要破除城乡二元结构，推进城乡发展一体化，把广大农村建设成农民幸福生活的美好家园"。2013年习近平总书记在中央农村工作会议上的讲话时更是明确指出，"我多次讲，小康不小康，关键看老乡。一定要看到，农业还是'四化同步'的短腿，农村还是全面建成小康社会的短板。中国要强，农业必须强；中国要美，农村必须美；中国要富，农民必须富。农业基础稳固，农村和谐稳定，农民安居乐业，整个大局就有保障，各项工作都会比较主动"。习近平总书记已经为我们明确指出了全面建成小康社会的短板和薄弱环节，这就是农业、农村、农民的"三农"问题。

国家发改委印发的《全国农村经济发展"十三五"规划》明确提出，"'十三五'时期是全面建成小康社会的决胜阶段，拉长农业这条'四化同步'的短腿，补齐农村这块全面小康的短板，努力让农业强起来、农民富起来、农村美起来，解决好'三农'问题，始终是全党工作的重中之重"。黑龙江省作为农业大省，"三农"问题相对更加突出，是全面建成小康社会最为薄弱的环节。

此外，与全国各省市横向比较，黑龙江省经济社会发展总体处于落后水平，经济发展速度位于全国倒数行列，根本原因是自身长期发展历史中积累的自身特殊"短板"，这就是东北老工业基地重工业产业衰退，资源型城市转型困难，现代服务业基础薄弱。正如黑龙江省第十二次党代会报告指出的，黑龙江省当前体制性、结构性、资源性矛盾仍然突出，产业结构偏重、民营经济偏弱、创新人才偏少问题亟待解决；市场化程度不高，国有企业活力不足；历史欠账较多，保障和改善民生压力较大。

在"三农"问题、东北老工业基地问题、资源型城市转型"三大短板"叠加效应下，黑龙江省整体经济落后，使得全面建成小康社会具有总体与个人"双重贫困"的重重困难，决胜全面建成小康社会必须首要补齐"三农"问题突出、产业结构失调、生态发展不可持续的"三大短板"。

"三农"问题突出，民生建设滞后

"重农固本，是安民之基"，全面建成小康社会，农业是基础，农村是关键。全面小康重中之重就是要解决农业、农村、农民"三农"问题，缩小城乡差距。黑龙江省是农业大省，耕地面积大，农业人口多，完成全面小康任务尤为艰巨。黑龙江省"三农"问题主要体现在：农业增长方式粗放，组织化程度低，土地流转制度不健全；农村人口流失导致"空心化"问题；农民贫困人口多、贫困程度深，城乡收入差距较大。

黑龙江省是产粮大省，是国家粮食安全的"压舱石"。我国粮食总产量在实现了"十二连增"之后，2016年全国粮食总产量61623.9万吨，比2015年减少520.1万吨，减少了0.8%。黑龙江省2015年粮食播种面积为11765.2千公顷，单产为5375.1公斤/公顷，总产量为6324万吨；2016年省粮食播种面积为11804.7千公顷，单产为5132.3公斤/公顷，总产量为6058.6万吨。国家统计局农村司高级统计师黄秉信分析，2016年粮食减产的主要原因是播种面积减少、单产下降。粮食播种面积之所以减少是因为各地针对粮食品种的供需矛盾,适当调减非优势区玉米种植面积,采取"玉米改大豆""粮改饲"和"粮改油"等措施,主动优化农业生产结构和区域布局。2016年4月28日,农业部印发《全国种植业结构调整规划(2016—2020年)》的通知指出,当前我国农业发展面临着品种结构不平衡等五大主要矛盾。小麦、稻谷口粮品种供求平衡,玉米出现阶段性供大于求,大豆供求缺口逐年扩大。棉花、油料、糖料等受资源约束和国际市场冲击,进口大幅增加,生产出现下滑。优质饲草短缺,进口逐年增加。针对五大矛盾,农业部作出调整规划,种植业结构调整的目标之一是"两保",即保口粮、保谷物,明确了全国6大区域的种植业调整重点和方向,要求东北地区稳定水稻面积、调减玉米面积、扩种大豆杂粮薯类和饲草作物、构建合理轮作制度。调减黑龙江北部、内蒙古呼伦贝尔等第四、五积温带,以及农牧交错带的玉米种植面积,调减的玉米面积改种大豆、春小麦、杂粮杂豆及青贮玉米等作物。黑龙江省2016年粮食种植播种面积扩大但单产下降,最终导致了粮食总产量下降。为实现"争当全国现代农业建设的排头兵"农业发展目标,黑龙江省必须下大力气,统筹解决农业面临的深层次问题,由农产品数量发展向效益发展转变。

深入剖析黑龙江省农业发展面临的具体问题。一是在农业生产方面,黑龙江省农业生产总体上仍以小规模、经营分散发展阶段为主,农业经营主体组织化、合作化、规模化、市场化、专业化程度低,农业合作组织规模普遍偏小,集约化、产业化水平较低,总体实力偏弱,合作范围窄,基本限于供销环节,农业基础竞争力不足。农村土地流转发展较慢,土地综合利用率较低,农市场竞争力不强。农业科技含量、机械化水平落后,种植品种长年不更新,造成土壤严重退化,产量持续偏低,产品质量较差。无节制地开荒毁林、过度施放化肥农药的高消耗、高投入农业生产方式,严重破坏了生态环境。

二是在农业经营方面，农业产业链条短，农产品基本以"原字号"出售和粗加工为主，加工率不足50%，农产品附加值和综合效益偏低。高品质精深加工龙头企业较少，难以发挥行业牵引作用，农业现代化发展进程缓慢，2015年，黑龙江省规模以上农业产业化龙头企业达到1650户，销售收入亿元以上龙头企业仅占1/3，销售收入超10亿元的龙头企业只占3.6%。由于农产品加工产业水平低，导致粮食产量高但经济效益差的矛盾现象，陷入"高产穷县"的窘境，2015年黑龙江省14个贫困县中，除延寿、绥滨和饶河三县，其余11个均是产粮大县。农产品流通领域，物流等基础设施落后，粮食销售渠道单一，信息化利用不足。

三是在农业发展资源和设施方面，可开发利用的耕地资源有限，扩大耕地面积遭遇发展瓶颈。随着大批农村劳动力向非农产业和城镇转移，出现了新的"荒田"的现象，为土地规模化经营设置了人为障碍。农业基础设施总体较弱、建设滞后，大型水利工程和大型农机装备不足，抵御自然灾害能力较弱，影响粮食持续稳定增产。

四是在农业发展软环境保障方面，黑龙江省作为农业大省，农业投资需求巨大，但各级财政资金有限，难以引进先进科技成果以满足农业发展需要，社会商业金融投入力度不足。农业服务体系不完善、服务能力低，农业技术推广、农产品质量检测、动植物疫病防控、农业信息、农资供应、农村金融保险、农业技能培训等社会化服务体系条件和能力建设滞后，制约了现代化大农业的发展。上述问题严重制约着黑龙江省农业现代化进程，使资源优势未能有效转化为产业和经济优势。

黑龙江省农村发展建设面临的主要问题是"美丽新农村"建设发展滞后。在农村建设规划方面，黑龙江省先后出台了《黑龙江省新农村建设工程2012年实施方案》、《黑龙江省美丽乡村建设三年行动计划（2015—2017年）》等农村建设规划性文件，但在基层，还存在着部分村屯规划水平偏低，建设定位模糊，特色不突出等问题。规划缺乏长远性计划，针对性与实用性不强。

一是在农村基础设施建设方面，黑龙江省美丽乡村建设供水、供电、通村路、泥草房改造等建设居于全国较先进水平，但出行难、道路硬化率低等问题还存在，公路建设还不能完全满足经济发展需要，当前面临的新问题与建设短板是垃圾和污水处理设施建设刚刚起步，导致农民生活环境污染问题难以解决。

二是在公共服务方面，随着农业人口进城务工的规模的不断扩大，黑龙江省引发了村屯"空心化"问题，人口外流村屯的敬老院、幼儿园、托儿所数量有限，留守老人的养老问题、留守儿童的教育问题都成为农村社会治理不得不面临的严峻课题。农村的医疗卫生条件较差，医疗服务水平较低，医疗设备相对落后，无法满足农民享受基本医疗带来的公共服务。教育教学资源不足，学校硬件建设相对落后，师资能力与水平软件建设不到位。

三是在生活环境方面，垃圾和污水处理是影响黑龙江省农村环境最为突出的难题，农村垃圾处理以填埋为主、生活污水以自然排放为主的情况，严重污染了农业生产及农民生活环境。燃烧秸秆、柴草取暖做饭所排放的烟尘产生了大量的氮氧化物、二氧化碳等有害气体，造成了严重的空气污染，危害了人体健康。由于缺少科学的指导，农药和化肥的用量超标现象较严重，造成了农田污染。部分小型面粉厂、马铃薯加工厂等乡镇企业生产工艺落后，缺乏污水处理和工业垃圾处理的配套设施，造成了工业生产污染。

四是在文化建设方面，社会主义新农村的文化建设还不能完全满足经济社会协调发展的需要，不能完全满足农民对文化生活的实际需要。例如，农村文化建设资金投入不足，融资渠道不畅；文化建设偏重村容村貌等硬件环境与形式的建设，科技与民主法制文化内容软件建设不足；文化基础设施建设落后，图书馆、文化站等建设水平较低，利用率不高；农村文化活动缺乏组织引导，以自发性、娱乐性活动为主，公共性科普文化与精神文明建设不足。

农业与农村问题必然导致农民问题，黑龙江省农民生活水平普遍较低。根据国家统计局2017年2月28日发布的《中华人民共和国2016年国民经济和社会发展统计公报》数据显示，2016年我国全国居民人均可支配收入23821元，比上年增长8.4%，扣除价格因素，实际增长6.3%；全国居民人均可支配收入中位数20883元，增长8.3%。其中，农村居民人均可支配收入12363元，增长8.2%，扣除价格因素实际增长6.2%。与全国农民人均可支配收入相比，2011年至2015年，黑龙江省农民人均纯收入年均增长了9.6%，但按照农民收入与经济增长同步的要求，进一步缩小城乡居民收入差距，难度还很大。根据黑龙江省统计局《2016年黑龙江省国民经济和社会发展统计公报》数据表明，2016年黑龙江省城镇常住居民人均可支配收入25736元，比上年增长6.3%；城镇居民人均生活消费支出18145元，比上年增长5.8%。农村常住居民人均可支配收入11832元，农村居民人均生活消费支出9424元，比上年增长12.3%，可见，黑龙江省农民人均可支配收入低于全国12363元的平均水平4.3个百分点，农村常住居民人均可支配收入增长6.6%，也远远低于全国8.3%的平均水平。

以上数据表明，黑龙江省农民生活水平低于全国平均水平较多，农民贫困问题比较突出。更为严重的是，黑龙江省城乡居民收入差距仍然较大，城乡居民收入比曾连续12年在3:1以上，虽然自2010年黑龙江省农村居民收入增长速度开始超过城镇居民，2014年城乡居民收入比首次降至3:1以下，2016年进一步降至2.72:1，但城乡居民收入差距绝对比还较大。现行标准下，2017年黑龙江省仍有14个国家级贫困县，全国贫困县数量排名第15位（详见图5-2），这些贫困县包括：哈尔滨市的延寿县，齐齐哈尔市的拜泉县、甘南县、泰来县，大庆市的林甸县、杜蒙县，鹤岗市的绥滨县，佳木斯市的同江市、桦南县、桦川县、抚远县、汤原县，双鸭山市的饶河县，绥化市的兰西县，全省农村贫困人口达211万，全面建成小康社会精准扶贫任务重、难度大。

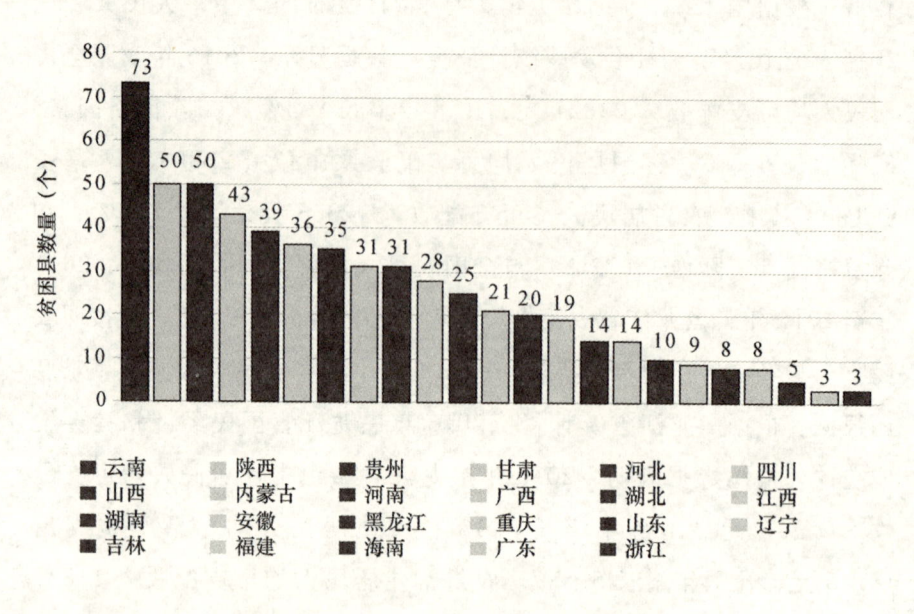

图 5-2 2017 年全国各省市贫困县数量

产业结构失调，传统重工业转型困难

黑龙江省是重要的东北老工业基地之一，作为能源大省和国家粮食基地，在中华人民共和国成立初期为我国经济社会的发展做出了重大的历史贡献。《2016 年黑龙江省国民经济和社会发展统计公报》数字显示，2016 年黑龙江省第二产业增加值 4441.4 亿元，比上年增长 2.5%，全部工业企业实现增加值 3686.1 亿元，按可比价格计算比 2015 年增长 2.1%，增加值占地区生产总值的 24.0%。其中，规模以上工业企业实现增加值 2994.2 亿元，比上年增长 2.0%。其中，国有企业及国有控股企业增加值 1578.2 亿元，比上年下降 0.5%；集体企业增加值 11.9 亿元，比上年下降 12.4%。从轻重工业看，轻工业增加值 973.8 亿元，比上年增长 2.9%；重工业增加值 2020.4 亿元，比上年增长 1.6%。从企业规模看，大中型企业增加值 2024.0 亿元，比上年下降 0.2%；小型企业增加值 941.5 亿元，比上年增长

6.7%。2016年全年规模以上工业企业主营业务收入11166.5亿元，比上年下降2.2%；主营业务成本9595.0亿元，比上年下降0.9%。全省规模以上工业企业实现利润244.0亿元，下降40.6%。其中，地方规模以上工业企业主营业务收入8268.5亿元，比上年下降0.4%；主营业务成本7251.0亿元，比上年下降0.4%；实现利润343.8亿元，比上年增长2.1%。

黑龙江省的四大主导产业为装备、石化、能源、食品，2016年四大主导产业共实现增加值2406.5亿元，比上年增长1.2%，占规模以上工业的80.4%。其中，食品工业增长2.6%；石化工业增长5.7%；装备工业增长1.9%；能源工业下降0.8%。在规模以上工业企业的253种工业产品中，108种工业产品全年产量较上年有所增长，占42.7%，其中有39种产品产量增幅超过20%。在重点监测的26种工业产品中，产量增长的8种，下降的18种。增长较快的有：乙烯110.8万吨，增长31.8%；成品糖0.4万吨，增长13.1%；轮胎外胎541.6万条，增长9.7%；水泥3544.7万吨，增长8.2%。降幅较大的有：微型电子计算机1.1万部，下降35.0%；金属切削机床358台，下降29.1%；机制纸及纸板34.4万吨，下降26.7%；合成氨48.5万吨，下降22.6%；钢材332.7万吨，下降17.4%。

从数字分析来看，2016年黑龙江省工业企业增加值虽略有上涨，但大型企业、国有企业、重工业企业总体发展不景气。以钢材为典型代表的资源能源型产业，面临着相对过剩产能的压力很大。

产业结构问题

2014年，习近平总书记在亚太经合组织（APEC）工商领导人峰会，作了题为《谋求持久发展共筑亚太梦想》的主旨演讲时说，"中国经济呈现出新常态"。经济新常态的特点是，经济增长速度"从高速增长转为中高速增长"，"经济结构不断优化升级"，经济发展动力"从要素驱动、投资驱动转向创新驱动"。黑龙江省作为传统的东北老工业基地，经济发展新常态的特征尤为明显，落后产能拖累经济增长速度变缓；产业结构不合理，重工业比重过大；传统经济发展动能减弱甚至出现负向拉动。因此，急需进行产业结构战略性调整，依托结构转换与优化，培育生成经济发展新动能，进而促进经济持续、稳定、健康的发展。

2016年5月，习近平总书记在黑龙江省考察调研时强调，"制约黑龙江振兴发展的突出因素是结构问题"。要坚持"加减乘除"并用，全面落实"三降一去一补"重点任务，做好改造升级"老字号"、深度开发"原字号"、培育壮大"新字号"三篇大文章。为黑龙江省指明了经济发展的症结所在，勾画出经济发展具体路径。

黑龙江省省长陆昊在2016年省政府工作报告中指出："2016年，我省一产、二产齐头并进，发展势头良好，产业结构不断优化。"《2016年黑龙江省国民经济和社会发展统计公报》数据显示，黑龙江省2016年三次产业结构为17.4∶28.9∶53.7，第二产业比重明显下降，第三产业占比达50%以上，服务业对经济增长的贡献率达到78.9%，逐步成为黑龙江省经济的主导产业。但黑龙江省工业产业结构调整还不到位，面临着工业产业结构失衡，现代服务业发展落后，科技创新能力不足等发展困境。

面对金融危机后国际贸易低迷的外部经济环境，身处经济增长速度换挡期、结构调整阵痛期、前期刺激政策消化期的"三期叠加"的国内经济环境，黑龙江省经济发展举步维艰、困难重重。黑龙江省在经济发展过程中，长期存在着结构不平衡的问题，形成了重工业偏强、轻工业和服务业偏弱；能源工业偏强、高精尖技术工业偏弱；国营企业偏强、非公有制经济偏弱的经济格局。

黑龙江省工业产业以重工业和资源密集产业为主，长期以来，产业重心侧重于以生产原材料为主的重工业，轻工业比例偏低、轻重工业比例失调。重工业中又过度依赖制造业、资源性工业，以及资源性加工业，其中石油、煤炭、木材及以此为原料的加工业所占的比重较大。工业产业中80%以上是以锅炉厂、电机厂、汽轮机厂"三大动力"为代表的传统重工业。黑龙江省得天独厚的资源优势,又造成了长期以来依赖石油、煤炭加工等重工业的产业结构失衡问题。2016年黑龙江省工业增长缓慢,工业增加值增速仅为2%,远远低于6.1%的全国平均增速。而工业增加值中重工业增加值占68%,其中能源工业增加值占比高达38.7%,在能源工业中石油和天然气开采业增加值的占比达55.3%。在2016年石油价格全面下滑的国际大背景下,国家原油政策性要求减产147万吨,导致黑龙江省2016年能源工业出现负增长,明显形成了对黑龙江省工业的负向拉动效应,在资源能源日渐枯竭的背景下,工业产业结构转型遭遇了发展瓶颈。黑龙江省工业产业以粗加工为主,经营方式粗放。从工业产品角度分析,21种主要工业产品中,高端产品占比不足1/3,且以处于产业链和价值链的中低端的"原字号""初字号"产品居多,深加工不足,产品附加值低,市场竞争力不强。产业附加值低、高消耗、高污染、高排放的"三高产业"的比重偏高。反之,高附加值产业、绿色环保产业、具有国际竞争力产业的比重偏低,结构性矛盾十分突出。

在黑龙江省工业企业中,国有企业比重相当大,非公有制企业比重小,导致黑龙江省整体经济活力明显不足。黑龙江省是我国老牌工业生产基地,中华人民共和国成立初期国家第一个五年计划规定,黑龙江省作为国家工业建设的重点地区之一,苏联帮助我国建设的156项工程中,黑龙江省独占14%。国家在黑龙江省的基本建设投资总额,计划规定为25.6亿元,占国家工业投资的10.3%。在国家政策的大力倾斜下,国有重工业企业成为黑龙江省优势工业产业,并在长期发展过程中,机体日益庞大,在地方经济中所占比重大、地位高。改革开放后,在向市场经济转型的过程中,由于体制机制的原因,黑龙江省大型国有企业债务负担过重、员工数量庞大,企业办社会等沉重的包袱等问题成为制约企业转型的巨大阻力。1998年黑龙江省国企下岗职工为52.8万人,占全国下岗职工总数的10%。2017年黑龙江省城镇单位就业人员平均工资为 770.36 元，均低于全国平均水平，在全国排名中处于倒数第二的位置。国有企业底盘大、发展慢，资金积累与创新发展动力不足，市场竞争力弱，使得黑龙江省工业产业结构调整难度更大，国企生存困难，发展缓慢。国企转型难的问题不但影响了经济整体发展的稳定性，而且传统国有企业工业中，工人工薪水平低，转型造成大量工人失业等问题，也给黑龙江省人民的民生造成巨大影响。

服务业在三次产业中的占比，是现代化经济发展的重要指标之一，发达国家第三产业服务业在国民经济中所占比重高达 60% 以上。中国作为发展中国家，服务业占比相对较低，黑龙江省信息业、金融服务业等现代服务业所占第三产业的比重，更是低于全国平均水平。

黑龙江省拥有哈尔滨工业大学、哈尔滨工程大学等国家知名高校，具备较强的科技研发能力，但哈尔滨工业大学的航空航天、智能机器人、电子计算机等重点专业，哈尔滨工程大学海洋技术类专业等优势学科，均与地方主产业不对接，造成地方经济发展创新动力和创新能力都较弱。科技创新资金需求大，成果转化周期长，政府和企业科研投资力度不足，金融市场融资渠道不畅，致使科技转化效果不理想。黑龙江省经济发展环境相对落后，难以吸引高科技人才，反倒使得大量科技人才外流，进一步降低了产业科技创新能力。以上因素共同导致了黑龙江省创新驱动促进产业升级能力较弱，效果不明显。

资源型城市转型需求迫切，生态环境持续发展面临考验

2013 年 11 月 12 日，国务院印发了《国务院关于印发全国资源型城市可持续发展规划（2013—2020 年）的通知》（国发［2013］45 号）文件，将资源型城市明确定义为："指以本地区矿产、森林等自然资源开采、加工为主导产业的城市。"并在全国范围内确定了 262 个资源型城市，根据地区自然资源种类及主导产业不同，主要分为铁、石油、煤、井盐、铜、镍、稀土等资源型城市。黑龙江省是我国能源大省,根据国家计委宏观经济研究院《我国资源型城市经济结构转型研究》报告界定的标准,黑龙江省有11座资源型城市,分为煤炭城市、石油城市、林业城市三种类型。大庆石油城市,鹤岗市、双鸭山市、七台河市、鸡西市4座煤炭城市是黑龙江省主要能源城市,能源工业也成为黑龙江省重点工业,大庆石油产业,鹤岗、双鸭山、七台河、鸡西煤矿产业,伊春林业是黑龙江省三大主要资源能源支柱产业。但长期以来,资源能源城市在不遗余力地为地方经济高速发展贡献力量的同时,也产生了城市经济主导产业结构单一,不可再生资源日渐枯竭和空气环境污染带来的生态环境恶化,传统产业职工收入水平低、就业压力大、社会矛盾突出等一系列社会、经济、生态等问题。黑龙江省生态安全问题突出,面临着严峻的自然环境不能满足人们生存生活需要的自然生态安全问题,生态环境和自然资源不能够满足人类经济可持续发展需要的经济生态安全问题,以及因生态问题诱发的人民不满,影响社会安定,引发社会动荡和社会生态安全问题。

黑龙江地区资源能源丰富,资源能源企业较多,但此类企业基本采取高消耗、高投入、高污染、低效率的生产方式,其资源并未得到合理的利用。黑龙江省资源能源工业仍处于传统初级工业化水平,总体上采取粗放型经济增长方式,能源消耗强度高,产业技术水平与产品附加值低,难以实现资源产业链的纵向延伸和横向拓展。同时,由于资源型产业利润巨大,导致产业结构单一,主导产业对资源依赖度过高,资源开采业和初级加工业等资源型产业占其地区工业生产总产值的比重过大,随着资源的过度开采,使得资源能源日益减少,甚至出现短缺,地方经济发展随之动力缺失,经济发展整体水平衰退,资源型产业转型难度相当大。2015年黑龙江省原油、煤炭、石油行业的增长幅度占比,依次为黑龙江省工业比重的40.5%、8.6%和7.9%,而新兴产业的增长幅度比例仅占7.7%,可见,黑龙江省传统资源能力产业仍然是地方经济的支柱产业,新兴产业发展不成熟,所占工业份额较小。

黑龙江省能源输出城市兴起之初，凭借煤矿、石油等自然资源丰富的资源禀赋优势，依托自然资源的开发和初级加工而兴建起来。黑龙江省东部的双鸭山、七台河、鸡西、鹤岗四大煤城煤炭储量高达92%，自20世纪50年代黑龙江省就制订了针对这四座煤城的开发计划。大庆油田于1960年投入开发建设，由萨尔图、杏树岗、喇嘛甸、朝阳沟等48个规模不等的油气田组成，面积约6000平方公里，曾连续25年保持年产5000万吨以上的高产、稳产。东北老工业区实施振兴计划以来，黑龙江省再次出现了前所未有的大规模的、高强度的资源开采的现象，使得木材、煤矿、油等资源能源再度急剧下降，建立在这些资源基础上的黑龙江省原材料加工工业日益陷入了困境。伴随着快速城镇化进程"掠夺式"的开发方式，黑龙江省森林面积锐减、淡水资源短缺，自然资源供给和环境承载能力不足，面临着资源枯竭的危险。矿产开采等资源产业作为主要经济增长点，具有高投入、高能耗、生产边际效益递减的特点。随着多年的开采和使用，当这一类城市资源将近枯竭时，无力发展接续替代产业以支撑经济的持续发展，也无力供给资源产业链下游企业的持久发展，两方面因素叠加，合力导致了资源型城市经济增长停滞。能源、土地、森林等基础资源供需矛盾已成为黑龙江省经济社会进一步发展的瓶颈。根据《2017年大庆市政府工作报告》数据统计，近五年受原油产量和价格下降影响，大庆市石油工业增加值由2011年的1920亿元，减少到2016年的642亿元，减少了1278亿元，与原油相关的税收减少了22亿元。资源型产业发展受到重创，更给黑龙江省整体经济发展造成了巨大阻力。

黑龙江省能源输出城市在煤、石油开采及初步加工过程中，伴随着高耗能、高污染、高排放问题，强力破坏了该地区的环境。加之现有的资源型产业的排污控制和限制环境污染的技术水平不高，资源开发利用与环境保护脱节，因此引发了严重的生态问题。一方面，在石油、煤矿等城市工业化进程中，工业废气、废水、废物等"三废"的排放造成了严重的大气污染、水资源污染和土地污染等环境污染问题。鹤岗等煤矿产业城市，在煤炭开采、加工和使用过程中排放了大量的二氧化硫、氮氧化合物、粉尘和 PM 2.5 等颗粒物，造成了大面积雾霾天气的发生，空气污染严重。石油、煤矿工业生产中排放了大量的工业废水，这些废水流入江河湖海，还有一部分渗入地表，对地下水造成了污染导致了水资源污染严重。矿石开采业还会产生大量的废矿渣，这些废物长期在地表积存，造成了土壤污染。这些因素都在很大程度上制约了资源型产业的可持续发展。另一方面，林业城市对森林等自然资源的无节制的"掠夺式"开发，导致土地资源、水资源、生物资源遭到严重毁坏，容易引发水土流失、水资源短缺、生物多样性丧失等生态问题。

黑龙江省能源城市由于传统资源产业产品附加值低，产业工人生活水平普遍较低，养老、医疗、工伤、失业等基本社会保障服务体系发展滞后，给民生发展带来了困境。黑龙江省产业对自然资源依赖度过高，随着资源枯竭造成的经济萎缩，大量矿产工人面临失业的危险。单一的矿产开采及初加工产业，劳动力需求巨大，企业机体不断膨大，企业办附属医院、学校等社会性事业，承担着高额成本。随着资源能源型城市主体产业的衰退，后续接替产业发展不足，就造成了企业因无力承担过高的社会事业成本，导致企业员工收入下降，地区失业人口增多，城市社会矛盾等问题日益突出。大庆石油过度开采，甚至形成了地势塌陷，也给当地居民的生产和生活带来了安全隐患。此外，由于资源开发、征地拆迁等原因，引发了较多的利益分配矛盾，黑龙江省资源型城市社会不稳定因素多，社会安全隐患大。

由于能源资源型城市对自然生态环境的过度透支，还会导致矿产资源的开发对城市原有的地形地貌产生巨大的破坏作用，在一定程度上造成了地表塌陷。大片无法耕种的废弃地还可能诱发山体开裂、崩塌和滑坡等地质灾害。沉陷区对地表裂缝、废弃矿坑、矿石山、尾矿堆场等矿山灾害隐患点的治理需求十分紧迫。这类资源型城市开发过程中人为因素导致的地质灾害隐患，对经济发展和人们生活造成了严重的负面影响，必须高度重视生态环境保护和修复问题。

第六章

黑龙江省全面建成小康社会路在何方

2016年5月23日至25日，习近平总书记在黑龙江省伊春市、抚远市、佳木斯市、哈尔滨市等地考察调研，精准把脉黑龙江省经济社会发展面临的问题，对黑龙江省全面建成小康社会指明了清晰的发展思路。

在伊春市考察生态经济开发区时习近平指出，"过去林场为国家建设提供木材是为国家作贡献，现在林区全面停伐、保护和建设生态环境同样是为国家作贡献，保护生态环境的意义是战略性的。林区经济转型发展是一项艰巨任务，要广开思路、多策并举"。在上甘岭林业局溪水国家森林公园视察时习近平说，"看到林场职工生活不断改善，很高兴、很踏实。林区经济转型发展会面临一些暂时困难，党委和政府一定会关心，让大家日子越过越好，大家也要自力更生，多找新的门路"。在考察友好林业局万亩蓝莓产业园时他指出，"发展林下经济一定要注意研究市场，突出多种经营，防止一哄而上、产销失衡"。

接下来习近平总书记又来到了抚远市，考察玖成水稻种植合作社时他指出，"农民专业合作社是带动农户增加收入、发展现代农业的有效组织形式，要总结推广先进经验，把合作社进一步办好"。"粮食安全是国家安全的重要基础,要创新粮食生产经营模式,优化生产技术措施,落实各项扶持政策,保护农民种粮积极性,着力提高粮食生产效益"。在视察黑瞎子岛时习近平总书记又指出,"黑瞎子岛重在生态保护,在保护基础上建设一些基本的基础设施和发展旅游,希望黑龙江响应国家'一带一路'倡议,参与'中蒙俄经济走廊'建设,积极扩大对外开放"。

来到同江市八岔赫哲族乡八岔村参观时,习近平总书记赞扬了赫哲族悠久的历史、丰富的文化,渔猎技能高超、图案艺术精美、伊玛堪说唱很有韵味,同时他指出,"在祖国大家庭里,56个民族是亲兄弟。全面建成小康社会,一个民族都不能少"。

回到哈尔滨市,习近平总书记考察了中国船舶重工集团公司第七〇三研究所,鼓励科技人员要"树立雄心壮志,敢于承接重大课题,精心攻克核心技术,在自主创新上取得更多成果,不断为国家和民族争光"。在哈尔滨安天科技股份有限公司考察时,他指出"网络安全是国家安全的重要组成部分。维护国家网络安全需要整体设计、加强合作,在相互学习、相互切磋、联合攻关、互利共赢中走出一条好的路子来"。在考察哈尔滨科技创新创业大厦时习近平总书记指出,"实施创新驱动发展战略,必须着力构建以企业为主体、市场为导向、产、学、研相结合的技术创新体系,政府要搭建平台、创造环境、提供相关政策支持、保护知识产权"。习近平总书记希望黑龙江在推动科技创新和高新技术产业发展上"增强信心、选准方向,充分发挥知识分子和各类人才作用,脚踏实地、求真务实向前推进"。

最后,习近平总书记听取了黑龙江省委和省政府工作汇报,在对黑龙江经济社会发展取得的成绩给予肯定的同时,进一步指出,希望黑龙江省"进一步解放思想、真抓实干、开拓创新,在老工业基地振兴发展中不断取得新的成绩"。在充分调研黑龙江省经济发展重点领域之后,面对黑龙江省经济发展面临的困境,习近平总书记指出,"当前,我国经济发展正处在转方式调结构的紧要关口,既是爬坡过坎的攻坚期，也是大有作为的窗口期。只有横下一条心，扎扎实实推进供给侧结构性改革，我国产业结构层次才能出现一个大的跃升，社会生产力水平才能出现一个大的跃升。如果在政策上左顾右盼，在工作上浅尝辄止，就会贻误时机。转方式调结构是苦干出来的，而不是硬等出来的。要把政策转化为行动，全力打好攻坚战"。同时，习近平总书记指明了黑龙江省经济社会发展的具体方向，"黑龙江转方式调结构任务艰巨，要着力优化产业结构，改造升级'老字号'，深度开发'原字号'，培育壮大'新字号'，毫不动摇地坚持公有制经济主体地位、国有经济主导作用，同时毫不动摇地鼓励、支持、引导非公有制经济发展。要加强创新能力建设，强化创新链和产业链、创新链和服务链、创新链和资金链对接，把振兴发展的基点放在创新上。要加强人才培养和智力引进力度，完善人才激励机制，吸引更多人才为振兴发展服务"。习近平总书记重点强调了黑龙江省农业发展方向，指出"黑龙江是农业大省和粮食主产区，要统筹抓好现代农业产业体系、生产体系、经营体系建设，因地制宜推进多种形式规模经营，用规模经营提升农业竞争力、增加农民收入。要深化国有农垦体制改革，建设现代农业大基地、大企业、大产业。要采取工程、农艺、生物等多种措施，调动农民积极性，共同把黑土地保护好、利用好"。

习近平总书记对黑龙江省经济进行了全面调研，对重点发展领域进行了深入考察，从我国经济发展全局高度定位黑龙江省经济社会发展地位与方向，准确把脉黑龙江省经济发展的重点领域和薄弱环节，强调"转方式调节构"是黑龙江省经济发展的关键，要从产业结构调整，大力发展现代农业，以及产业、服务、融资创新三方面着手，破解黑龙江省经济发展和全面小康社会建设的难题，习近平总书记的指示，既统一思想、凝心聚力，又谋划了黑龙江省经济社会切实有效的发展路径，是新形势下黑龙江省经济发展和全面建成小康社会的具体行动指南。

2017年4月，黑龙江省第十二次党代会胜利召开，这次大会是在黑龙江省全面建成小康社会的决胜阶段、全面振兴发展的关键时期召开的一次十分重要的会议，会议确定了黑龙江省未来五年发展的宏伟蓝图和实现目标的刚性措施，为全省今后五年振兴发展指明了方向。黑龙江省第十二次党代会报告提出，坚持把转方式调结构作为振兴发展的重中之重，把发展现代农业作为振兴发展的重要内容，把保障和改善民生作为振兴发展的重要工作，以强化思想引领为抓手增强文化自信，以打造"两座金山银山"为抓手推进生态文明建设，以优化布局为抓手促进区域统筹协调发展，以及增强改革系统性、整体性、协同性、发展壮大非公有制经济、创新人才发展体制机制、优化对外开放格局等全面深化改革、激发发展动力活力的措施。准确把脉黑龙江发展重点与难点，为全面决胜小康找准发展方向，谋划了实现全面建成小康社会的顶层设计，要牢牢把握"一条新路子"的前进方向，就是走出一条质量更高、效益更好、结构更优、优势充分释放的全面振兴发展新路。牢牢把握"两个全面"的奋斗目标，就是实现全面建成小康社会、实现全面振兴。牢牢把握"四个坚持"的重大任务，就是坚持转方式调结构、做好"三篇大文章"，坚持发展现代农业、争当农业现代化建设排头兵，坚持保障和改善民生、打赢脱贫攻坚战，坚持改进干部作风、提升工作精气神。这"一条新路子""两个全面""四个坚持"，对黑龙江未来发展极具战略性、指导性、针对性，是我们站在新起点、迈向新征程的根本指针。此次党代会明确提出，到2020年，地区生产总值和城乡居民人均可支配收入比2010年翻一番，脱贫攻坚任务如期完成，与全国同步全面建成小康社会，实现我们党第一个百年奋斗目标。到2022年，经济保持中高速增长，地区生产总值年均增速达到全国平均水平，城乡居民收入与经济发展同步增长，走出质量更高、效益更好、结构更优、优势充分释放的全面振兴发展新路子。在此基础上，争取到2030年左右，实现黑龙江全面振兴。

第一节　黑龙江省农业发展对策

　　我党历来高度重视"三农"问题,始终把解决好"三农"问题作为全党工作的重中之重。习近平总书记在2014年12月中央经济工作会议讲话时指出:"必须继续夯实农业稳定发展的基础、稳住农村持续向好的局势,稳定粮食和主要农产品产量,持续增加农民收入。要坚定不移加快转变农业发展方式,尽快转到数量质量效益并重、注重提高竞争力、注重农业技术创新、注重可持续的集约发展上来,走产出高效、产品安全、资源节约、环境友好的现代农业发展道路。要深化农村各项改革,完善强农惠农政策,完善农产品价格形成机制,完善农业补贴办法,强化金融服务。要完善农村土地经营权流转政策,搞好土地承包经营权确权登记颁证工作,健全公开规范的土地流转市场。要完善职业培训政策,提高培训质量,造就一支适应现代农业发展的高素质职业农民队伍。"

　　国家发改委印发《全国农村经济发展"十三五"规划》明确提出,"十三五"时期,我国农村建设面临着新的困难与挑战,最为突出的问题是农村建设规划设计不到位,此外,农村基础设施和公共服务依然薄弱,生活环境污染较严重。因此,要强化规划引领,完善基础设施,提升农村基本公共服务水平,改善农村人居环境,加快形成政府主导、多元参与、城乡一体的基础设施和基本公共服务体系。具体到黑龙江省农村建设,还存在诸多问题。

　　《黑龙江省国民经济和社会发展"十三五"规划纲要》总结了黑龙江省在"十二五"期间农业发展取得的巨大成就,实施千亿斤粮食产能工程,抓住水利、科技、农机、生态四条主线,推动粮食综合生产能力不断提高,确保了粮食总产量和商品量连续五年稳居全国首位,为保障国家粮食安全做出了重大贡献。在农业现代化建设方面,实施"两大平原"现代农业综合配套改革试验,推进新型农业经营主体、农村土地管理制度、农村金融服务、农产品价格形成机制和农业支持政策改革创新等一系列改革措施，在推进新型城镇化建设，加大生态环境保护力度等方面取得了较快发展。

全面建成小康社会终点的日益临近，黑龙江省加快建设步伐，2017年农业发展又迈上了新的台阶。黑龙江省《政府工作报告》指出，2017年黑龙江省面向市场，农业生产经营取得了较快发展。农业改革不断深入，土地承包经营权确权登记完成实测1.39亿亩，综合经营型合作社新增129个，推行土地承包经营权和活体畜禽抵押贷款改革，在"两大平原"现代农业综合配套改革持续推进下，提升了农业综合生产能力。农业发展不仅要数量，更注重质量效益发展，2017年生态高产标准农田新增665.4万亩，绿色有机食品认证面积达7400万亩，新建水稻标准化育苗大棚6.2万栋。调整农产品结构，积极落实大豆目标价格和玉米收储制度改革，玉米种植调减1922万亩，经济作物新增177.7万亩，把"卖得好"摆到突出位置，进而靠"卖得好"带动倒逼"种得更好"，既通过延伸产业链推动农业产业化，又通过强化营销使农民在价值链上获得更多收入。政府搭台让农业唱好经营大戏，2017年在国内举办14场大型绿色农产品营销推介活动，举办林业产业发展合作大会，设立100亿元林业产业基金，推广"互联网+"营销，建设"互联网+"高标准绿色有机种植示范基地1170个，各类农村电商主体达到2.7万个，实现交易额135亿元，分别增长92.8%和123%，水稻、大豆、杂粮众筹营销突破30亿元。农业的发展不仅推动了黑龙江省经济的发展，更是大踏步迈向全面建成小康社会的重要推动力。

面对已经取得的成绩，黑龙江省政府对全省农业工作又作出了新的布署。确立了推进农业供给侧结构性改革，争当农业现代化建设排头兵的农业发展新目标。提出继续从水利、科技、农机、生态四个方面提升农业生产力，同时以提高农业产业化、市场化水平促进农民持续增收的发展路径。为进一步发展农业实施一系列重要举措。2017

年黑龙江省农业发展重点仍然是"两大平原"现代农业综合配套改革,要在粮食销售加工市场化和种粮收益保障法制化两个薄弱环节上下功夫,完善玉米收储制度改革"市场定价、价补分离"的操作方式。深入推进农业改革,稳妥推进农村集体产权制度改革,注重机制创新,促进农村第一、第二、第三产业融合发展。支持各种新型农业经营主体发展,推动农业合作社由生产型向生产经营型全方位转变。遵循习近平总书记针对黑龙江省农业提出的注重质量转型与生态保护协调发展的思想,继续大力发展优质高效农业,建设生态高产标准农田,深入实施"三减"行动。实现玉米增值收益主要突出产业链,特别要把握玉米价格改变与国际市场倒挂的有利时机,狠抓玉米深加工和畜牧业发展,同时通过扩大鲜食品种市场覆盖提升价值链;实现水稻增值收益主要突出价值链,通过质量提升、品牌营销获得更多增值收入;实现大豆增值收益要产业链、价值链并重,通过非转基因、高蛋白食用型大豆营销与精深加工结合获得更多增值收入。进一步面向市场调整种植结构,蔬菜、瓜果、鲜食玉米、马铃薯等特色作物面积发展到1000万亩。持续大力发展高品质乳制品、畜牧产品生产,推动"两牛一猪一禽"规模化标准化养殖,扩大"森林猪""森林鸡"、食用菌等林特产品发展,搞好第三届国际奶业展览会暨乳业合作大会。突出寒地黑土、冬季自然休耕、病虫害少、非转基因等生态优势,完善标准,严格监管,进一步巩固和提高黑龙江农产品吃得安全、吃得放心的整体信誉。政府要加强农业经营引导,持续推广农产品点对点营销、集团和个人定制营销、全生产过程展示性营销、众筹、微商等多种互联网营销方式。引导企业和农民通过产权重组、合约使用、特许经营使用等方式,结合特殊地理标识营销,培育形成有竞争力的知名品牌,替代"东北大米""东北特产"等模糊概念。在"卖得好"提升价格基础上,带动倒逼"种得更好",推动种植养殖达到绿色标准、有机标准直至欧盟有机认证标准,推动黑龙江由大粮仓变成绿色粮仓、绿色菜园、绿色厨房。厚积薄发,黑龙江省要充分利用长期积累的历史发展优势,重点突出绿色生态农业优势,推进全省农业转型顺利实现。

围绕着"三农"问题,黑龙江省要在农业发展方面继续推进农业现代化进程,在农村建设方面加快新型城镇化建设,在解决农民民生问题方面大力开展精准扶贫工作。

发展农业现代化

党的十八大报告中明确提出,要"坚持走中国特色新型工业化、信息化、城镇化、农业现代化道路,推动信息化和工业化深度融合、工业化和城镇化良性互动、城镇化和农业现代化相互协调,促进工业化、信息化、城镇化、农业现代化同步发展"。发展农业现代化是全面建成小康社会发展经济的新要求。农业现代化就是要在创新农业发展体制机制的前提下,培育新型农业经营主体,创新农业经营方式,发展规模化农业经营模式。一方面,要大力实施集体所有权、农户承包权、土地经营权"三权分置",依法推进土地经营权有序流转。另一方面,要以科技为支撑,提高农业机械化和信息化水平。

总体来看,黑龙江省农业现代化水平已处于全国前列,2016 年黑龙江省农业综合机械化率为 96%,高于 65% 的全国平均水平;农业科技进步贡献率达 60% 以上,高于全国平均水平 15 个百分点;农业产出水平高,粮食总产量、商品量、调出量已连续 6 年保持全国第一,人均粮食占有量超过 1600 公斤,约为全国平均水平的 4 倍,人均粮食生产量超过 5000 公斤,是全国平均水平的 4 倍多,尤其是黑龙江省各垦区人均生产粮食 38 吨,是全国平均水平的 33 倍,高于世界发达国家平均水平。

面对已经取得的成绩,黑龙江省第十二次党代会对农业发展再次提出的更新更高的要求,要乘胜而上,强调坚持把发展现代农业作为振兴发展的重要内容,争当农业现代化建设排头兵,提出由"农业大省"转向建设农业强省的更高目标。到 2020 年,第一产业增加值要实现年均增长 5% 左右。这就意味着黑龙江省农业现代化建设要走在全国最前列，要实现农业现代化程度和水平最高、对全国各地现代农业发展能起到示范和引领作用。

　　为实现这一目标，政府层面要做好以下几方面工作：一是宏观层面要加强统筹设计，积极推进农业供给侧结构性改革，科学划分创建粮食生产功能区、重要农产品生产保护区、特色农产品优势区。加快调整种植业结构，以市场为导向，提高水稻和大豆竞争力，扩大果蔬、鲜食玉米、食用菌等高值高效经济作物面积，发展壮大现代畜牧产业。二是深化农业生产经营改革，深入推进"两大平原"现代农业综合配套改革试验，大力发展新型农业经营主体，壮大职业农民队伍，深化供销合作社综合改革，健全农业社会化服务体系，推进多种形式规模经营。统筹推进农产品价格形成机制和农村金融、农业保险改革，稳步推进农村土地所有权、承包权和经营权"三权分置"改革，分类推进农村集体产权制度改革，形成农民合理分享土地增值、产业发展收益的长效机制。三是微观层面加强企业引导，培养特色拳头产品，做大做强绿色食品产业，培育壮大绿色生态农产品知名品牌和龙头企业，推行绿色生产方式，深入实施"三减"行动，扩大中高端绿色有机农产品供给，推动黑龙江由大粮仓变成绿色粮仓、绿色菜园、绿色厨房。四是要更好发挥政府服务作用，强化农田基础设施建设，提高农业良种化、机械化、水利化、科技化、信息化、标准化水平，建成亿亩生态高产标准农田，建设国家农业高新技术产业开发区，当好维护国家粮食安全的"压舱石"。大力推动三次产业融合，加快建设现代农业产业园、科技园、创业园，促进农业生产、加工、物流、研发、服务等相互融合，形成现代农业产业集群。要创新农产品生产和营销方式，积极发展观光农业、体验农业、创意农业等新业态，建设和完善各类农产品批发、交易市场，开辟"互联网＋农业"、冷链仓储物流等新路径，提高农业全产业链收益。

推进新型城镇化建设

城镇化是现代化的必由之路,是解决农业、农村、农民问题的重要途径,是推动区域协调发展的有力支撑,是扩大内需和促进产业升级的重要抓手。在我国已进入全面建成小康社会的决定性阶段,正处于经济转型升级、加快推进社会主义现代化的重要时期,城镇化建设也进入了深入发展的关键时期。我国城镇化是在人口多、资源相对短缺、生态环境比较脆弱、城乡区域发展不平衡的背景下推进的,这决定了我国必须从社会主义初级阶段这个最大实际出发,遵循城镇化发展规律,走中国特色新型城镇化道路。紧紧围绕全面提高城镇化质量,加快转变城镇化发展方式,以人的城镇化为核心,有序推进农业转移人口市民化;以城市群为主体形态,推动大中小城市和小城镇协调发展;以综合承载能力为支撑,提升城市可持续发展水平;以体制机制创新为保障,通过改革释放城镇化发展潜力,走以人为本、四化同步、优化布局、生态文明、文化传承的中国特色新型城镇化道路,促进经济转型升级和社会和谐进步,为全面建成小康社会、加快推进社会主义现代化、实现中华民族伟大复兴的中国梦奠定坚实基础。

2014年,中共中央、国务院印发了《国家新型城镇化规划(2014—2020年)》,是今后一个时期指导全国城镇化健康发展的宏观性、战略性、基础性规划。该《规划》提出要坚持以人为本,公平共享;四化同步,统筹城乡;优化布局,集约高效;生态文明,绿色低碳;文化传承,彰显特色;市场主导,政府引导;统筹规划,分类指导的原则。实现城镇化水平和质量稳步提升,城镇化健康有序发展,常住人口城镇化率达到60%左右,户籍人口城镇化率达到45%左右,户籍人口城镇化率与常住人口城镇化率差距缩小2个百分点左右,努力实现1亿左右农业转移人口和其他常住人口在城镇落户的具体目标(详见表6-1),以及城镇化格局更加优化,城市发展模式科学合理,城市生活和谐宜人,城镇化体制机制不断完善的发展目标。

表6-1　　　　　全面建成小康社会新型城镇化主要指标

指标	2012年	2020年
城镇化水平		
常住人口城镇化率（%）	52.6	60左右
户籍人口城镇化率（%）	35.3	45左右
基本公共服务		
农民工随迁子女接受义务教育比例（%）	—	≥99
城镇失业人员、农民工、新成长劳动力免费接受基本职业技能培训覆盖率（%）	—	≥95
城镇常住人口基本养老保险覆盖率（%）	66.9	≥90
城镇常住人口基本医疗保险覆盖率（%）	95	98
城镇常住人口保障性住房覆盖率（%）	12.5	≥23
基础设施		
百万以上人口城市公共交通占机动化出行比例（%）	45	60
城镇公共供水普及率（%）	81.7	90
城市污水处理率（%）	87.3	95
城市生活垃圾无害化处理率（%）	84.8	95
城市家庭宽带接入能力（Mbps）	4	≥50
城市社区综合服务设施覆盖率（%）	72.5	100
资源环境		
人均城市建设用地（平方米）	—	≤100
城镇可再生能源消费比重（%）	8.7	13
城镇绿色建筑占新建建筑比重（%）	2	50
城市建成绿地率（%）	35.7	38.9
地级以上城市空气质量达到国家比例（%）	40.9	60

数据来源：国家新型城镇化规划（2014—2020年）。

《黑龙江省国民经济和社会发展"十三五"规划纲要》提出，要推进城乡协调发展，坚持工业反哺农业、城市支持农村，健全体制机制，推进新型城镇化，逐步缩小区域差距和城乡差距，促进城乡发展一体化的城镇化建设总体思路。重点做好四方面工作：一是优化城镇化布局，打造以哈尔滨为核心的"哈牡鸡七双佳"东环城市圈，努力建设"哈大齐北绥"西环城市圈，辐射带动鹤岗、伊春、黑河市和大兴安岭地区，推动人口、产业向城镇集聚，推动绿色城市、智慧城市、人文城市建设，构建大中小城市和小城镇协调发展的新型城镇化发展格局。二是提高城镇公共服务能力和水平，加强公共交通、城市道路、"三供三治"、城市公园绿地等市政基础设施和教育、医疗卫生、文化体育、养老等公共服务设施建设，推进城区老工业区、独立工矿区搬迁改造，加快实施保障性安居工程，提高新型城镇化质量，提升社会治理能力。三是完善农业转移人口市民化体制机制。推进促进农业人口转移的政策，深化户籍制度改革，促进有能力在城镇稳定就业和生活的农业转移人口举家进城落户，并与城镇居民享有同等权利和义务。健全农村转移劳动力就业保障机制，加强农业转移人口养老和医疗保险等社会保障制度衔接，完善对灵活就业农民工的社会保障，逐步将进城落户农民纳入城镇住房保障体系。稳定已转移的农村人口，落实居住证制度，努力实现基本公共服务常住人口全覆盖。完善农村人口转移后的土地使用政策，维护进城落户农民土地承包权、宅基地使用权、集体收益分配权，支持引导其依法自愿有偿转让上述权益。四是促进城乡公共资源均衡配置。加快建立城乡融合的体制机制，健全农村基础设施投入长效机制，扩大公共财政覆盖范围，把社会事业发展重点放到农村和接纳农业转移人口较多的城镇，推动城镇公共服务向农村延伸，加快城乡基本公共服务一体化。推动村屯合并，促进农村人口向交通便利地区集聚。落实农村人居环境整治行动，加快民生和农村基础设施建设，整体推进乡村文明建设，提高社会主义新农村建设水平。以"百村示范、千村达标"活动为依托，集中治理村容村貌，推进净化、硬化、绿化、美化，加快改路、改水、改厕、改灶、改墙、改圈，建设美丽宜居乡村。

实施精准扶贫战略

贫困地区脱贫是全面建成小康社会最难啃的一块硬骨头，也是决定全面建成小康社会成败的最关键一役。2013年11月，习近平在湖南湘西考察时首次提出，"实事求是、因地制宜、分类指导、精准扶贫"的重要指示。2014年1月，中共中央办公厅详细规制了精准扶贫工作模式的顶层设计，推动了"精准扶贫"思想落地。2014年3月，习近平总书记在参加两会代表团审议时强调，要实施精准扶贫，瞄准扶贫对象，进行重点施策。进一步阐释了精准扶贫理念。2015年1月，习近平总书记新年首个调研地点选择了云南，总书记强调坚决打好扶贫开发攻坚战，加快民族地区经济社会发展。同年6月，习近平总书记在贵州省考察，强调要科学谋划好"十三五"时期扶贫开发工作，确保贫困人口到2020年如期脱贫，并提出扶贫开发"贵在精准，重在精准，成败之举在于精准"。在中央大力推进下，通过"精准扶贫"实现"一个都不能少"的全面小康社会思想越来越清晰，各地"精准扶贫、精准脱贫"取得的成效越来越显著。

"精准扶贫"是与粗放扶贫相对应的概念，是指针对不同贫困区域环境、不同贫困农户状况，运用科学有效程序对扶贫对象实施精确识别、精确帮扶、精确管理的治贫方式。实施"精准扶贫"要做好制度设计，确保组织领导到位、扶贫资金到位、扶贫措施到位。习近平总书记在中央扶贫开发工作会议上指出，"要坚持精准扶贫、精准脱贫，重在提高脱贫攻坚成效。关键是要找准路子、构建好的体制机制，在精准施策上出实招、在精准推进上下实功、在精准落地上见实效"。具体实施"五个一批"工程，做好发展生产脱贫一批，易地搬迁脱贫一批，生态补偿脱贫一批，发展教育脱贫一批，社会保障兜底一批。黑龙江省地区经济总体落后必然伴随着大量贫困人口的存在，根据2017年公布的最新国家级贫困县名单，黑龙江现有14个贫困县，走好"精准扶贫"最后一公里，黑龙江省任重而道远。

《黑龙江省国民经济和社会发展"十三五"规划纲要》指出,要树立"从解决好人民最关心、最直接、最现实的利益诉求入手,强化政府职责,着力补齐短板,保障基本民生,不断增进人民福祉,让人民群众有更多获得感"的扶贫工作思想。实现"到2020年,稳定实现全省农村贫困人口不愁吃、不愁穿,义务教育、基本医疗和住房安全有保障,确保现行标准下211万农村贫困人口实现脱贫,28个贫困县全部摘帽(2017年全省有14个贫困县实现了脱贫),解决区域性整体贫困"的扶贫目标。通过产业扶持、转移就业、教育支持、医疗救助、易地搬迁五项措施,打赢脱贫攻坚战。一是发展产业增收脱贫,扶持贫困县因地制宜打造主导产业,发展特色养殖基地,食用菌、蔬菜等绿色有机特色种植业基地,"互联网+农村淘宝网店"等新兴业态,红色游、边境游、民俗游等特色旅游业。鼓励省级以上农民专业合作规范社、产业化龙头企业和其他经营主体带动贫困户脱贫。鼓励贫困户以扶贫资金入股、土地入股和带地入社等形式参与合作经营。最终使贫困农民找到通过劳动实现脱贫的现实路径,从根本上保证了贫困人口的"真脱贫"。二是实施转移就业脱贫,与新型城镇化建设相结合,对长期跨省务工的农村贫困人口给予交通补助,为在外务工半年以上的农村贫困人口购买人身意外伤害保险,吸纳贫困人口企业按规定享受税收优惠,城镇公共服务岗位、企业用工优先安排农村贫困劳动力。集中开展实用技术和致富带头人等培训,确保贫困家庭劳动力至少掌握一项实用技术。三是结合生态保护脱贫,对退耕还林、还草的贫困户根据需要实施"以粮济贫"。利用生态补偿和生态保护工程资金,使当地有劳动能力的部分贫困人口转为护林员等生态保护人员。鼓励深山区贫困人口易地搬迁就业。四是实施社会保障兜底脱贫,对无法依靠产业扶持和就业帮助脱贫的家庭实行政策性保障兜底,将所有符合条件的农村贫困家庭纳入低保范围。实施健康扶贫工程,贫困人口参加新型农村合作医疗保险个人缴费部分给予补贴,贫困人口全部纳入医疗救助和重特大疾病救助范围。

为保证脱贫工作的顺利进行，政府要进一步加大财政扶贫投入，增加对贫困地区基础设施建设和基本公共服务投入，取消贫困县公益性建设项目县级配套。推动连接贫困地区交通项目建设，全面实施贫困县农网改造升级，实现贫困村动力电"村村通"。全面消除贫困户危房。落实脱贫攻坚责任，强化省市领导联县、部门包村、党员干部包户的定点扶贫机制，提高减贫指标在贫困县经济社会发展实绩考核中的权重，严格扶贫考核督查问责。特别是要实行政策适当倾斜，支持革命老区、民族地区、边疆地区和连片特困地区脱贫攻坚。

第二节　黑龙江省产业结构调整对策

黑龙江省工业经济发展面临的最大问题就是产业结构不合理，传统重工业比重过大，经济发展路径依赖严重。针对这种情况，国家也屡次加大资金投入和政策支持，努力引导东北老工业基地的振兴。2003年，针对东北老工业基地发展困境及普遍问题，国家提出《关于实施东北地区等老工业基地振兴战略的若干意见》，制定了一系列区域发展政策，激发东北老工业基地的地区经济发展活力。2009年，国家再次提出《关于进一步实施东北地区等老工业基地振兴战略的若干意见》，加强支持东北地区经济发展力度。2016年，应对东北振兴面临的新形势和新要求，国家提出《关于全面振兴东北地区等老工业基地的若干意见》。国家围绕着东北振兴战略提出的一系列政策，为黑龙江省经济振兴带来了重要的发展机遇，有力地促进了黑龙江省产业结构的调整。

2016年5月，习近平总书记在黑龙江考察调研时强调，"振兴东北地区等老工业基地是国家的一个重大战略。老工业基地要抢抓机遇、奋发有为，贯彻新发展理念，深化改革开放，优化发展环境，激发创新活力，扬长避短、扬长克短、扬长补短，闯出一条新形势下老工业基地振兴发展新路"。对于黑龙江省产业结构发展，习近平总书记强调，要转方式调结构，改造升级"老字号"，深度开发"原字号"，培育壮大"新字号"。

2017年《黑龙江省政府工作报告》提出，要认真学习领会中央对东北振兴发展的重要要求，深刻认识自身存在的产业结构偏重化工型、偏资源型、偏传统型，体制机制不够活，产品结构不适应市场变化，国有企业活力不足，民营经济发展不够充分，新兴产业发展偏慢，思想观念不够解放等问题，以及市场经济意识不强、驾驭和运用市场能力不够、市场主体活力不足、市场化程度不高等制约因素。认真学习领会习近平总书记对我省两次重要讲话中提出的总体要求和具体路径，深入贯彻落实好激发内生动力，向资源开发和精深加工要发展、向优势产业和产品延伸升级要发展、向高新技术成果产业化要发展、向引进外来战略投资者要发展、向选好用好各方面人才要发展。

黑龙江省委、省政府明确提出，要从创新驱动促进产业优化和发展现代服务业促进结构升级两方面入手，"双管齐下"从根本上实现"转结构调方式"，解决黑龙江省产业结构不合理的问题，保证全面建成小康社会如期实现。黑龙江省第十二次党代会提出，在新形势下推动振兴发展，必须深入落实《中共中央、国务院关于全面振兴东北地区等老工业基地的若干意见》，统筹推进稳增长、促改革、调结构、惠民生、防风险，决战决胜全面建成小康社会。坚持把转方式调结构作为振兴发展的重中之重。转方式调结构重点是着力优化产业结构，一产抓特色、二产抓提升、三产抓拓展，做好"三篇大文章"，全面落实"三去一降一补"重点任务，大力振兴实体经济，构建以先进装备制造业、资源精深加工业、战略性新兴产业和现代服务业为支撑的现代产业新体系。改造升级"老字号"，巩固壮大传统优势产业。深度开发"原字号"，推动传统优势产业链条向下游延伸。依托优势资源，抓好以大庆石化千万吨炼油扩能改造等石油精深加工项目为重点的"油头化尾"，以大型清洁高效坑口电站、现代煤化工为重点的"煤头电尾""煤头化尾"，以农副产品精深加工为重点的"粮头食尾""农头工尾",打造国家级石化产业基地、现代煤电煤化工基地和全国知名的绿色食品产业基地。培育壮大"新字号",发展新产业、新产品。落实东北地区培育和发展新兴产业三年行动计划,大力发展"大智移云"新一代信息技术、高端装备、航空航天、新材料等战略性新兴产业,壮大云计算、机器人、重型数控机床、石墨新材料、高端石化、清洁能源装备、生物医药七大产业集群,打造以大庆沃尔沃、哈尔滨长安福特为引领的汽车产业链,培育钼、铜、高岭土、矿泉水等优势矿产开采和深加工产业链。加快发展现代服务业,培育既有国内总需求增长空间又有龙江供给优势的新增长领域,发展城市楼宇经济,促进房地产业健康发展,推动金融、物流、科技服务等生产性服务业向专业化和价值链高端延伸,发展旅游、健康养老、文体休闲等生活性服务业,形成新的经济增长点、市场消费点和就业拉动点。以创新引领转方式调结构,实施创新驱动发展战略,鼓励创新创业,强化企业创新主体地位,加大研发投入,加强创新能力建设,完善创新平台和产、学、研用协同创新体系,打通科技成果转化通道,完善科技型企业融资服务体系,强化创新链和产业链、服务链、资金链对接,争创哈大齐国家自主创新示范区,加快培育经济发展新动能。

创新驱动促进产业优化

《黑龙江省国民经济和社会发展"十三五"规划纲要》提出,要创新实施《全国老工业基地调整改造规划》,把产业项目建设作为构建产业新体系的重要手段,创新发展"十大重点产业",发挥优势、注重工业、多点培育,推进供给侧结构性改革,突出国内有总需求增长空间和黑龙江有竞争优势的重点行业,加快产业层次向中高端迈进,重塑产业竞争发展新优势。一方面,要优化工业内部结构,积极发展新技术、新产业、新业态、新商业模式,构建以高端装备制造、资源精深加工、战略性新兴产业为重要支撑的产业新格局,积极发展高端装备制造业，加快发展资源精深加工业。另一方面，要实现产业结构升级，多领域、多角度发展服务业，拓展新领域、发展新模式、推广新业态，扩大供给规模，提高服务质量。

优化产业结构，要构建以高端装备制造、资源精深加工、战略性新兴产业为重要支撑的产业新格局，到2020年，规模以上工业增加值年均增长2%左右。高端装备制造业是黑龙江省传统工业的转型发展方向，要抢抓国内外装备改造升级需求巨大的市场机遇，落实《中国制造2025》，大力推动技术创新、产品创新，促进装备制造业高端化发展，建设一批具有国际竞争力的先进装备制造业基地和重大技术装备战略基地。具体来说，要在八个方面，借助现有发展基础和优势，推动高端产业进一步发展。一要加快建立电力装备制造协作配套体系，提高电力装备先进制造水平。二要争取国家航空发动机和燃气轮机"两机"科技重大专项支持，发展航空发动机和燃气轮机等系列产品，建设国家重要的燃气轮机产业基地。三要依托齐齐哈尔轨道装备公司，建设我国重要的重载快捷铁路货车研发、制造产业基地。四要加快培育机器人龙头企业和关键配套企业，打造产业集群，形成较为完备的机器人产业体系。五要加快引进先进源头技术，积极开发高精度关键功能部件，推进我省重型数控机床产品系列化、谱系化。六要推进汽车整车量产规模化，大力发展汽车零部件产业，实现汽车产业零部件就近配套和集群化发展。七要加快发展大型高效联合收割机、大马力拖拉机配套农机具等高端农业装备及关键核心零部件制造，构建农机装备制造产业体系。八要发挥哈尔滨工程大学在海洋工程装备基础及关键技术领域的成果优势，培育发展海洋装备制造。

加快发展资源精深加工，要依托优势资源，向产业下游延伸产业链条，提高资源精深加工比重，建设国家新型原材料基地。一要发展食品工业和玉米精深加工业。发挥黑龙江省种植业基础优势，以多种谷物、畜牧产品、乳制品、经济作物为基础，大力发展各类食品加工业。黑龙江省玉米产量居全国第一，为进一步提高产品附加值，要重点建设以中粮集团玉米燃料乙醇等重大玉米精深加工项目，提高粮食精深加工比重。实施支持企业上市融资、兼并重组或战略合作等措施，加快飞鹤、北大荒、完达山、大庄园、九三、黑森等领军企业的技术改造和生产规模扩大，提升产业集中度和规模效益，培养企业竞争力。二要发展石化、煤化工精深加工。深化与中央企业和大型民营企业合作，在大庆和煤城布局石化、煤化工重大项目，延伸发展精细化工。落实与中石油协议，在大庆布局建设石油炼化和重油裂解等重大项目，力争形成3000万吨炼油能力和500万吨重油裂解能力。在双鸭山、鹤岗等地布局建设煤制烯烃等重大煤化工项目，加快推进煤制油项目前期工作。三要发展矿产精深加工。推进地质勘探加快生成新矿权，加快开展1：50000区域地质矿产调查，到2020年基础地质调查覆盖率达到50%以上，推动矿产资源勘探、开采和精深加工一体化，延长精深加工产业链。加快石墨、钼等产业链发展，打造高端石墨和钼产业，形成鸡西、鹤岗石墨新材料产业集群和大小兴安岭钼产业集群。加强铜、金、高岭土等矿产资源开发。加快集约、安全、高效现代化煤炭矿井建设，适度开采新的煤炭资源，坚决淘汰落后产能，关闭淘汰15万吨以下小煤矿300处左右，大中型矿井产能比重提高到70%，煤炭生产能力稳定在1.2亿吨左右。四要发展林森木加工，用好境外林木资源，推动林木加工业规模化、品牌化、集约化、高端化发展。支持龙头企业采取并购重组、股份合作等方式向上下游产业链延伸，培育发展境外原料基地和境内精深加工一体化的大型木材企业。依托重点木材进口口岸和运输通道，建设木材加工产业集群，形成规模效应。加快开发高端木材加工和造纸业，加快产品研发和工艺创新，塑造高端品牌形象。

培育发展战略性新兴产业，重点要推进新产品、新技术研发应用，突破工程化、产业化瓶颈，加快发展成长性好的战略性新兴产业和高新技术产业，抢占经济和科技制高点。一要重点发展特种金属新材料、高性能纤维及复合材料、半导体新材料、化工新材料，推进产业规模化、高端化发展。二要开发特色生物医药,加强生物技术药物、化学药品与原料药、现代中药研发,支持重点龙头企业加快创新药、专利药研发和产业化,提升生物医药产能规模和竞争力。支持哈尔滨利民生物医药产业园区、大庆生物产业园区等重点园区基础设施建设,推动哈尔滨国家生物医药产业集聚发展试点城市建设,打造医药产业集群。加快国家新药临床试验中心等研发平台建设,构建符合国际规范、开放共享的新药研发系统。三要培育发展卫星应用、新一代信息技术和空间探测技术溢出产业。加快国家高分卫星中心和资源卫星应用中心在黑龙江省落地,建设卫星数据基础平台。加强与中电科集团合作,建设国内领先的微机电系统(MEMS)化学传感器产业化基地。推广军民两用卫星激光通信技术,加快建设空间激光通信研发基地。建立地理信息服务与应急保障体系,推进航天遥感、卫星导航与定位和地理信息技术成果综合应用、产业化发展,开展精准农业、现代林业、环境保护、智能交通、防灾减灾等领域的典型应用示范。

发展现代服务业促进产业结构升级

现代服务业代表着经济现代化发展的新方向,也是黑龙江省经济新的重要增长点,从创新驱动促进产业优化,到发展现代服务业促进结构升级,是从根本上"转结构调方式",解决黑龙江省产业结构不合理的问题,对实现全面建成小康社会具有重要意义。落实到具体政策,要从生活性服务业和生产性服务业两方面"双管齐下",实现现代服务业的全面均衡发展。

一方面,要促进生活性服务业向精细化和高品质转变。旅游业是黑龙江传统优势服务业,健康养老服务业是黑龙江省新兴重点服务产业、商贸服务业是延长产业链以增加产品附加值的重要服务产业。一要发展现代旅游业。黑龙江必须创新旅游业发展模式,要围绕核心产品,加快发展旅游文化娱乐、特色饮食、特色纪念品等辅助产品组合,提高游客体验参与程度。深入挖掘历史、文化、艺术元素,推动文化、时尚与旅游融合发展。加强黑龙江旅游整体品牌和旅游产品宣传,完善市场营销体系,建立线上线下立体营销平台,深化与全国重要目标客源市场的媒体、旅行社合作,提高黑龙江旅游竞争力和影响力。完善基础设施建设,加快通景区公路、自驾营地等配套设施建设。大力发展中俄边境旅游和出境游,推动黑河、抚远等口岸游轮码头建设。到2020年,力争全省游客总人数达到1.9亿人次,旅游总收入达到2200亿元。二要发展健康养老服务业。统筹发展养老事业和养老产业。公办养老事业立足保障性服务,特别是做好特困老年人托底养老服务,逐步提高养老床位补贴标准,利用行政事业单位非办公类资产,支持养老产业发展。公办养老机构要提高失能护理床位比例,社会养老服务机构要扩大社会养老床位总量,从而全面提高养老服务能力。推广社区"居家养老"、闲置医疗资源转型为"医养结合"等养老服务新形式,满足不同类型的养老需求。加强老年服务管理、医疗保健、护理康复等方面专业人才队伍建设,提高职业道德和素质。鼓励发展多样化健康服务,培育壮大健康体检、康复护理、家庭医生服务等业态,基本建立覆盖全生命周期、内涵丰富、结构合理的健康服务业体系。积极发展健康保险,丰富商业健康保险产品。三要发展商贸服务业。加快中心城市商圈、大型交易市场、农资配送中心等流通体系建设。加快发展电子商务、开办网上商城,支持企业与电子商务平台合作,电子商务进农村,邮政等企业建立乡镇电商运营中心、村级服务站,建设农产品交易市场和专业农副产品交易市场,从而提供多形式、多渠道的商贸服务。

另一方面,推动生产性服务业向专业化和价值链高端延伸。从金融融资、物流储运、技术咨询等各生产环节,加强生产性现代化服务建设。一要提升金融资本市场服务。优化金融生态环境,发展金融组织,创新金融服务产品,利用资本市场,增强金融对经济社会发展的支撑能力,解决不同规模企业融资难的问题,使"大猫小猫都有路走"。建立统一的信用信息共享平台,完善企事业单位、自然人守信激励和失信惩戒机制,打击恶意逃废金融债务,系统建立起金融诚信体系,提高金融安全保障。吸引国内外大型金融机构在黑龙江省设立分支机构,推动组建民营银行、农村商业银行和金融租赁公司、融资租赁公司、消费金融公司等金融机构,提高金融资金供给能力。拓宽多种融资渠道,支持总部和主营业务均在黑龙江省的企业在境内主板、中小板、战略新兴板、创业板、新三板和区域性股权交易市场上市(挂牌),力争新增上市企业25家、新三板挂牌企业200家、省内区域性股权交易市场挂牌企业800家。支持金融机构创新业务模式,运作发行公司债、小微企业区域集优票据等债务融资工具。二要加强现代物流基础设施建设,打造华南城等重点物流园区,构建社会化、专业化、信息化现代物流体系。发展多式联运、农产品冷链物流等方式,提升专业化水平。推进邮政、物流(快递)配送站建设,促进快递业发展。加强物流信息系统建设,推广北斗导航、物联网等信息技术应用,实现物流信息全程可追踪。打造专业化高端物流服务。推动制造型企业中的生产性服务业分离分立和专业化、高端化发展,重点发展个性定制服务、全生命周期管理、网络精准营销和在线支持等服务。推动有条件的企业由提供设备向提供系统总承包服务转变,由提供产品向提供整体解决方案转变。鼓励制造企业建设面向行业生产要素配置及供应链管理的综合交易平台,推进供应链协同发展。三要发展生产经营咨询服务,围绕产业发展需要,开展科技服务、研发设计服务,推广大型制造设备、施工设备等融资租赁服务,鼓励发展资产评估、会计、审计、税务、勘察设计、工程咨询等专业咨询服务。

黑龙江省第十二次党代会进一步提出,目前全省经济转型仍处于传统产业集中负向拉动与培育新动能、新增长领域相互交织、相互赛跑的关键时期。近年来,全省经济总量不断扩大,一产、三产发展势头良好,产业结构不断优化,新动能、新增长领域培育见到成效。因此,黑龙江省全面建成小康社会要沿着"转方式调结构"的路子继续推进。

第三节　黑龙江省生态保护发展对策

　　我国经济经历了持续 35 年 GDP 以 7% 以上速度增长的经济高速增长期，但随之也产生了严重的生态问题，如何处理好经济发展与生态文明建设的关系，是摆在我们面前崭新的时代课题。习近平总书记指出，建设生态文明是关系人民福祉、关系民族未来的大事，"我们既要绿水青山，也要金山银山。宁要绿水青山，不要金山银山，而且绿水青山就是金山银山。我们绝不能以牺牲生态环境为代价换取经济的一时发展。我们提出了建设生态文明、建设美丽中国的战略任务，给子孙留下天蓝、地绿、水净的美好家园"。生态环境与经济发展的冲突是人类社会发展到一定阶段必然面临的问题与考验，不能以一时的经济发展，破坏人类千百年来赖以生存的基本环境，环境保护功在当代、利在千秋！良好的生态环境是最公平的公共产品，是最普惠的民生福祉，是全面建成小康社会的应有之义。全面建成小康社会就是从"一手抓物质文明、一手抓精神文明"的经济与文化平衡发展，到经济、政治、文化"三位一体"发展，再到加上社会发展的"四位一体"，最终到经济、政治、文化、社会、生态"五位一体"发展的全面小康，所以小康全面不全面，生态环境质量是关键。面对资源约束趋紧、环境污染严重、生态系统退化的严峻形势，迫切需要补齐生态短板，是全面建成小康社会决胜阶段必须攻克的难关，也是建设美丽中国、实现中华民族永续发展的重大课题。

　　正确处理经济发展与环境保护的关系问题，具体到黑龙江省是要解决好两个方面的问题：一方面，要解决资源型城市资源能源约束日益趋紧形势下经济发展转型问题；另一方面，要大力发展黑龙江省优势产业——绿色食品经济。

　　黑龙江省"十三五"规划纲要提出，要创新实施《全国资源型城市可持续发展规划》，着力发展接续替代产业，依托现有产业基础发展精深加工、延长产业链，壮大新兴产业，促进转型发展。一是针对大庆石油城市发展转型，要发挥大庆市区位、产业、科技、人才、生态等优势，加快构建支柱多元、支撑转型的新产业体系，提升城市功能品质，建设现代化新兴城市。加快石化基地建设，推动地方与大庆油田深化合作，实施重大石化项目，加快石化工业向精细化工延伸。培育替代产业集群，发展壮大汽车、铝业和新材料、食品、装备制造、生物医药、新能源等产业。汇聚现代服务业新优势，加快发展服务外包、文化创意、信息服务、物流、旅游、健康养老等现代服务业。大力发展优质粮食安全牧业和绿色果蔬，做大棚室经济，建设国家现代农业示范区。二是针对鸡西、双鸭山、七台河和鹤岗4个煤炭型城市发展转型，要实施煤与非煤"双轮驱动"，加快产业结构由以煤为主向特色化、多元化发展转变，促进煤城尽快走出困境。完善煤炭资源市场化配置机制，支持煤炭接续资源较多的城市加快大型煤矿建设，推进煤化工重大项目建设，推动利用新增的煤化工源头产品和焦化等存量煤化工源头产品延伸发展产业链，开发精细化工产品，支持双鸭山市建成全国重点煤化工产业基地。大力发展多元非煤替代产业，做强石墨、绿色食品等优势资源加工产业，推进钢铁、矿山机械、医药、木材加工等产业改造升级，扩大旅游、商贸流通、健康养老等现代服务业规模。切实抓好采煤沉陷区棚户区和独立工矿区改造，积极推动煤城职工就业再就业等民生工作。三是针对林区经济转型发展，要以大小兴安岭和张广才岭等森林生态功能区建设为核心，加强生态保护，推进林区经济转型，全面提高基本公共服务均等化水平。加大生态保护和建设力度，加快人工造林、森林抚育、低质低效林改造和封山育林，建设国家储备林基地。坚持林业经济林中发展、林区工业林外发展，加快发展生态旅游、森林食品、北药、苗木花卉、清洁能源等特色产业，推进矿产资源绿色开发。结合林场撤并整合，加快国有林区棚户区改造，促进深山远山职工和居民有序向县（局）址和乡镇（中心林场）搬迁转移。努力增加就业岗位，健全创业增收机制，完善社会保障制度，提高公共服务能力。推进国有林区、国有林场改革，增强适应市场竞争的能力。

黑龙江省依托丰富的农业与林业资源，在全国较先发展绿色产业经济，并积累了一定的经验。为实现全面建成小康社会，黑龙江省要坚持绿色富省、绿色惠民，发展绿色生态产业，建设"美丽龙江"。一是适应食品消费结构升级的要求，加快推动绿色、有机食品种植养殖、精深加工、市场营销全产业链发展，构建具有竞争力的绿色食品产业体系。建立健全涵盖产地环境、生产过程、产品质量、包装储运、专用生产资料等环节的技术标准体系，实行绿色、有机食品标准化生产。把握食品消费安全、健康、时尚的需求变化趋势，加快产品创新升级，大力发展高品质乳制品、畜产品和食品制造，加快发展特色饮品，增加优质食品供给。完善绿色食品营销体系，在哈尔滨建设全国最大的绿色食品批发交易市场，支持龙头企业在全国设立绿色食品旗舰店、连锁店、体验店等销售网络，发展绿色食品电商平台。培育国内外知名绿色食品品牌，加强品牌保护，刻画和提升黑龙江绿色食品产业整体形象。二是建设全国一流生态休闲度假旅游目的地。挖掘释放森林、湿地、江河、湖泊、冰雪等旅游资源潜力和经济、生态、文化功能潜力，突出独特性、体验性、精致性和感染力，大力发展生态休闲度假旅游。加快核心景区和旅游基础设施建设，高标准开发旅游产品，针对游客细分市场，设计不同时间长度的旅游线路组合，增强接待能力和对游客的吸引力。创新开发湿地低空飞行、乡村旅游、自驾游等新型业态，打造迷人的哈尔滨之夏、火山湿地、华夏东极、森林深处4条夏季精品旅游线路，塑造夏季"避暑胜地畅爽龙江"品牌形象。以独特的、极具视觉冲击力的冰雪景观为核心，高水准设计、集成展示适合于普通游客、参与性强的冰上、雪上活动，重点打造大美雪乡、鹤舞雪原、北极圣诞、秘境冰湖、冰雪森林5条冬季精品旅游线路，刻画"冰雪之冠黑龙江"冬季旅游品牌形象。按照国家级旅游度假区标准，充实完善提升五大连池、汤旺河、镜泊湖、兴凯湖等景区旅游度假功能，使旅游产品发展向观光、休闲、度假并重转变。加快建设亚布力滑雪旅游度假区，推进夏季山地自行车主题公园、水上乐园、森林温泉、高等级雪道等项目建设，把亚布力建成以冰雪和森林旅游为主导，集国际国内运动赛事、观光旅游、度假旅游、避暑养生为一体，专业和非专业结合的世界级滑雪旅游度假目的地。三是依托生态、医疗和绿色食品等供给保障能力，利用夏季气候优势，发挥政府引导作用和社会力量主体作用，完善养老设施和专项服务，推动健康养老和旅游等产业融合发展，创建全国北方夏季健康养老基地。积极发展"候鸟式"养老等新业态，开发系列集慢性病防治、观光度假、绿色食品配餐为一体的健康养老产品。整合养老、旅游、医疗康复等公共服务资源，壮大夏季养老服务联盟，发展跨省际、跨地区合作经营，建立"候鸟式"养老置换服务合作机制。完善夏季养老宣传推广体系，逐步实现夏季养老宣传促销专业化、市场化。探索建立医疗保险"点对点"省际间异地就医直接结算机制。四是发挥林区天然、绿色、生态优势，以林菌、林果、花卉苗木、林中养殖等为重点发展现代林中经济。培育壮大龙头企业，与种养户建立长效利益联结机制，建设野生品种保护和人工种养生产加工基地。把林区良好的生态天然信用转化为品牌信用，整合打造"黑森""北极""林都"等知名品牌，加快构建林中产品市场营销体系，建设面向全国的专业化大型林中产品交易市场。利用绿色北药生产条件，扩大无害化道地药材规范化种植，推进北药提取、分离等关键技术创新，加快药材开发和精深加工，加强营销体系建设，打造全国重要现代化绿色北药生产加工基地。大力发展刺五加、五味子、林下参等北方特色药材，建设北药 GAP 基地。加强化妆品、保健品、中草药等产品研发生产，加快绿色北药产业现代化。

2017 年 4 月，黑龙江省第十二次党代会报告指出，"要牢固树立绿色发展理念，创新实施生态保护与经济转型规划，打造好'绿水青山'与'冰天雪地'这两座金山银山，念好'山水''冰雪'两本经，构建绿色生态产业体系和空间格局，奋力走出黑龙江全面振兴发展新路子!"黑龙江省委、省政府都将实现"转方式调结构，全面决胜小康建设"作为经济发展的主要方向，在这一政策要求指导下，黑龙江省能源输出城市要结合自身经济发展现状与基础，尽快实现产业发展转型。要将"高污染、高投入、高能耗"的"三高"经济发展模式转变为"低耗能、低排放、低污染"的新经济发展模式，全方位探索资源节约型、环境友好型的资源型城市生态转型有效路径。走循环经济型经济和绿色消费型经济发展之路。要创新实施《大小兴安岭林区生态保护与经济转型规划》，巩固提升整体生态化优势，发展绿色低碳循环生态产业。要加快发展绿色生态产业，建成全国最大的绿色有机食品生产基地。完善绿色食品营销体系，在哈尔滨建设全国最大的绿色食品批发交易市场，支持龙头企业在全国设立绿色食品旗舰店、连锁店、体验店等销售网络，发展绿色食品电商平台。培育国内外知名绿色食品品牌，加强品牌保护，刻画和提升黑龙江绿色食品产业整体形象。

综上所述，黑龙江省全面建成小康社会，要实现"着力推进结构调整"，奋力走出黑龙江全面振兴发展新路子，决胜全面建成小康社会的发展目标，必须结合能源输出城市经济发展基础与特色，找到现实可行的产业升级发展路径，使经济与生态协调发展。

第七章

现代服务业是黑龙江省开启全面建成小康社会的金钥匙

黑龙江省全面建成小康社会要解决的首要问题是"三农"问题、产业结构调整问题、资源型城市发展与生态环境保护矛盾冲突问题,而根据黑龙江省自然资源优势与现有经济基础,大力发展现代服务业是开启全面建成小康社会的金钥匙。重点发展旅游服务业、农业生产服务业、养老服务业。

第一节 黑龙江省现代服务业发展现状

随着社会进步、经济发展、社会分工日益专业化,国民经济产业结构不断由第一、第二产业向第三产业转移。现代服务业又称新兴第三产业,是在工业化高度发展阶段产生的,依托于电子信息与其他高新技术通过现代经营方式和组织发展起来的服务业,其本质是实现服务业的现代化。2012年2月,我国科技部发文指出,现代服务业主要是以现代科学技术为支撑,建立以新的服务方式、商业模式与管理方法等为基础的现代服务产业。现代服务具有智力要素密集度高、产出附加值高、环境污染少、资源消耗少等特点。现代服务业主要包括生产性服务业、生活性服务业和公共品服务业。生产性服务业指与制造业关系密切，为制造业上下游产业链服务的中介产业，如物流、金融、信息等行业；生活性服务业指为消费者生活提供服务的行业，如旅游、娱乐、餐饮等行业；公共服务业指政府与社会机构相互合作，以非营利的形式为社会提供建设所需的信息与服务的工作，如文化、教育、卫生等。现代服务业本质上是经济发展、科学技术进步、社会分工细化的综合结果，也是传统服务业内部结构不断完善升级的重要标志。

经济发展现代化的重要标志之一就是服务业在国民经济中的比重不断上升，发达国家中服务业占比已达60%以上，美国服务业占国民经济的比重更是高达75%以上。黑龙江省作为东北老工业基地之一，人民生活消费水平低、科技发展相对滞后，服务业发展较慢，现代服务业起步更晚。近年来，黑龙江省加快现代服务业发展，作为新兴的第三产业，已经成为黑龙江省的重要支柱产业，2017年黑龙江省第三产业在国民经济中的比重已达到53.7%，对扩大就业、促进地方经济发展发挥了重要作用。

黑龙江省服务业发展概况

2016年黑龙江省全年实现地区生产总值15386.1亿元，按可比价格计算，比上年增长6.1%。其中，第一产业增加值2670.5亿元，增长5.3%；第二产业增加值4441.4亿元，增长2.5%；第三产业增加值8274.2亿元，增长8.6%。三次产业结构比为17.4:28.9:53.7。其中1—9月，服务业对全省经济增长的贡献率达到80.1%，拉动全省经济增长4.8个百分点，仍是全省经济稳步增长的主要力量。2016年1—8月，黑龙江省服务业累计完成固定资产投资24732亿元，同比增长5.6%，占固定资产投资（不含农户）总额的54%，居三次产业之首。2016年上半年，全省服务业实际利用外资1091亿美元，同比增长37.3%。房地产业固定资产投资依然延续负增长，商贸物流产业、文化产业、信息服务业等一些新兴行业固定资产投资增幅较大。1—9月,全省实现社会消费品零售总额57793亿元,同比增长9.9%,增速比全国平均水平低0.5个百分点,但比上年同期高出1.2个百分点。乡村零售额增速高于城镇,1—6月,城镇社会消费品零售额32012亿元,同比增长9.9%;乡村社会消费品零售额5748亿元,同比增长10.4%。从消费形态看,1—6月,商品零售额32927亿元,同比增长9.9%,占全省社会消费品零售总额的87%;餐饮收入额4833亿元,同比增长10.6%。

2016年年初以来,各级政府深入贯彻落实习近平总书记重要讲话精神,不断优化发展环境,非公服务业继续保持较快发展。1—6月,非公服务业实现增加值19587亿元,同比增长10.5%,虽然增幅比上年同期回落0.1个百分点,但仍高于全省服务业增速2.3个百分点、全省非公经济增速3个百分点。非公服务业占非公经济总量的58.8%,比上年同期下降0.8个百分点;非公服务业占服务业总量的56.7%,比上年同期下降5.5个百分点。在2015年黑龙江省百强民营企业中,有45家服务企业入围,比上年增加5家,其中32家房地产企业、8家批发和零售业企业、2家金融企业、2家软件和信息技术服务企业、1家交通运输企业。

黑龙江旅游业实现快速增长。1—6月,全省共接待国内外游客640556万人次,同比增长19.0%,其中,国内游客6362万人次,同比增长18.9%;入境游客4356万人次,同比增长31.9%。实现旅游总收入74406亿元,同比增长16.6%,其中国内旅游收入73132亿元,同比增长16.2%;旅游创汇206亿美元,同比增长47.1%。俄罗斯游客入境游大幅增长,全省共接待俄罗斯游客3332万人次,同比增长53.6%。"十一"黄金周,游客数量、旅游收入再创新高,全省接待游客25122万人次,同比增长12.2%;实现旅游收入2842亿元,同比增长18.8%。全省机场运送旅客3912万人次,同比增长16.7%;铁路发送旅客2694万人次,同比增长7.3%。

金融业实现平稳增长。1—6月,金融业实现增加值4428亿元,同比增长9.3%，增幅较上年同期下降11.7个百分点。截至8月末，全省人民币存款余额222985亿元，同比增长8.6%，比上年同期高出2.5个百分点；本外币各项贷款171977亿元，同比增长12.5%，比上年同期低5.3个百分点。金融机构围绕全面振兴的重点任务，深入推进改革创新，贷款在涉农、现代服务业、民生信贷等方面投放较为突出，有力地支持了全省经济结构调整和企稳回升。截至9月末，全省涉农贷款余额77003亿元，同比增长19.2%；现代服务业贷款同比增长19.1%，其中养老服务、现代物流、健康服务、文化产业贷款分别增长173.0%、57.1%、37.8%、36.6%，信贷结构进一步优化。

健康养老产业发展态势良好。自2014年以来，黑龙江省依托良好的生态环境、文化底蕴等优势，通过放开市场准入、吸引社会资本、盘活闲置资产、强化宣传推介等措施，大力发展健康养老产业新业态，养老服务业呈现良好发展态势。到2016年9月，全省登记注册的养老机构2265家，可提供养老床位2045万张，其中民营养老机构占60%以上；具有服务叠加功能的健康养老旅游综合经营主体达到227家，年均接待服务能力达到40万人次；小微型社区和居家养老服务实体有7200余家，年均营业额21亿元。全省各类养老机构入住老年人156万人，消费支出60多亿元；吸纳从业人员105万人。预计到2016年年底，进入养老服务业的资金将超过150亿元，新增各类养老床位2.65万张，每千名老人拥有养老床位将超过30张。此外，全省有15所职业院校开设了养老服务类专业，共培训、实训从业人员35000多人次。

黑龙江省服务业发展存在的问题

虽然黑龙江省服务业发展较为迅速，但与发达地区相比较，仍存在整体发展水平低、产业结构层次低、跨界融合程度低、企业竞争力较弱的"三低一弱"问题。

首先，黑龙江省服务业发展水平较低。黑龙江省服务业发展速度和经济贡献率总体居于全国中等偏下发展水平，处于低层次、粗放式发展阶段，生活性服务业供给不足，生产性服务业发展相对滞后，难以满足黑龙江省经济结构转型升级和居民消费水平提高的社会发展需要。

其次，服务业产业结构层次低。随着经济与科技的发展，人民在生活水平不断提高的同时，更加注重生活品质的提升，服务业的现代化进程不断加快。但黑龙江省服务业内部结构还以传统服务业为主，经济贡献率低，行业结构不够优化。2016年1—6月，黑龙江省批发和零售业中，住宿餐饮业、交通运输仓储业、邮政业这三大传统行业增加值占比高达38.9%，比上年同期提高了2.6个百分点。金融业占比虽然达12.8%，但增速比上年同期下降了11.7个百分点，为9.3%，对服务业增长的贡献率有所下降。

再次，跨界融合程度低。新技术发展带动了服务业不断产生新模式、新业态，服务业不断向各行业、各领域渗透融合。黑龙江省服务业与制造业、能源、交通等行业的融合较快，与农业、节能减排、安全生产、装备更新等行业的融合则相对较慢，总体上仍处于部分融合互动的初级阶段，跨界融合广度和程度不够，同其他产业的协同互动能力不足。在哈尔滨、大庆、牡丹江等大中城市，服务业与制造业以及服务业内部各行业之间的融合互动效果比较显著，而在小城镇、农村地区，服务业与农业的融合互动不多。少数大型服务企业借助资金、技术、人才优势，产业融合能力较强，而中小企业缺少核心技术和关键产品，融合能力差。

最后，服务企业竞争力弱。虽然黑龙江省服务企业数量多，但普遍存在"小、散、弱、差"的现象。多数企业规模偏小，户均从业人数不足20人，高层次的技能型人才和经营管理人才匮乏，行业间业务内容重叠，创新能力弱，缺少龙头企业和名牌企业，企业竞争力弱。中国服务业500强中，黑龙江省地方服务企业仅有黑龙江倍丰农资集团1家企业入围,而且该企业2016年营业收入15009亿元,全国服务业排名第212位,比2015年后退了4位,2017年营业收入135904亿元,全国排名第271位,比2016年后退了59位。

黑龙江省服务业发展对策

黑龙江省长期发展积淀形成了特色旅游业、冰雪文化产业、健康养老业、现代物流业、金融信息服务业等多项优势现代服务业。破解黑龙江省全面建成小康社会所面临的"三农"问题、产业结构失调问题、资源型发展模式不可持续问题,省委省政府按照国家经济社会发展战略与政策指导,提出了一系列具有较强针对性的有效举措,大力发展现代服务业。《黑龙江省国民经济和社会发展第十三个五年规划》指出,要多领域、多角度发展服务业。落实加快发展现代服务业行动,拓展新领域、发展新模式、推广新业态,扩大供给规模,提高服务质量。到2020年,服务业增加值年均增长10%左右。发展生活性服务业,要促进生活性服务业向精细化和高品质转变。发展生产性服务业,要推动生产性服务业向专业化和价值链高端延伸。黑龙江省第十二次党代会对全省现代服务业发展提出了具体要求。深入推进服务业供给侧结构性改革,促进旅游、养老、健康、文化、体育等产业融合发展。深刻把握"绿水青山就是金山银山,冰天雪地也是金山银山"的重要要求,在新的增长领域增加有效供给,强化营销,引入外部需求,拉动黑龙江省经济增长。

与全面建成小康社会发展目标相结合,黑龙江省要大力发展现代服务业,破解全面建成小康社会难题。具备生态条件的农村和具备文化特色的资源型城市,发展旅游文化产业,可以有效提高农民生活水平,实现资源型城市转型持续发展,改善生态环境;发展农业金融服务,可以推动农业经济增长,实现发展生产脱贫一批;发展健康养老业既可以实现经济与环境协调发展,又可以有效改善农民民生状况,是黑龙江省补足短板、全面推进小康社会建设的重要动力。旅游业要在持续强化全省整体营销的同时,加强地市系统化集成营销及景区具体项目营销,既加强与旅行社合作,又借助新媒体开发散客市场。增加产品,提高服务水平,建设好6个省级旅游度假区和大兴安岭、伊春等13个全域旅游示范区项目,加快推进万达文化旅游城、漠河生态冰雪旅游健康养老小镇等重点项目建设。公开招标推进亚布力滑雪旅游度假区锅盔山东坡、南坡、西坡滑雪场雪道、缆车索道、酒店项目建设。强化监管和执法,坚决维护旅游秩序。养老健康产业要加快把资源优势转化为产品优势,突出森林氧吧、绿色生态食品配餐、老年病防治三大特色,持续加强营销,叫响独特品牌。金融业要着重提高金融服务和创新能力。继续挖掘新增长领域、创新创业、涉农金融等市场机会,针对黑龙江省处于天使投资重要时期,与更多的天使、创业、产业投资对接。推动直接融资,注重引入金融资产交易等机构。积极培育设立民营银行。

针对存在的现实问题,黑龙江省发展服务业要坚持"五大"发展理念,加强供给侧结构性改革,着重发展现代服务业,为全面建成小康社会,推动黑龙江经济全面振兴提供有力支撑。一是要加快跨界融合,推动生产性服务业发展。要利用生产性服务业的强专业性与创新性的特点,充分发挥服务业的产业带动作用与经济发展能动作用,抢占产业竞争的战略制高点,加强服务业供给侧结构性改革,实现服务业与其他产业的深度融合。重点发挥服务业对农业的金融支持作用。二是适应消费新需求,加强生活性服务业供给。加强养老健康产业等生活性服务基础设施建设,改善消费环境。政府提供更多鼓励、刺激消费政策,搭建消费服务业融资平台,服务业监督。三是整合提升服务企业竞争力。通过重组并购扩大服务企业规模,培育龙头企业与名牌企业;扶植中小型企业发展,为其提供资金与信息支持,提高服务企业市场竞争力。四是政府更多地为现代服务业提供政策激励、技术创新与成果转化、人才培养与保障等支持。

第二节　大力发展旅游业

黑龙江省是旅游资源大省,把旅游业培育发展成为经济支柱产业,实现向旅游经济大省的历史性跨越,对于解决产业结构不合理、资源型城市转型等问题,促进"东北老工业基地"振兴,实现全面建成小康社会具有重大的战略意义。

黑龙江省旅游业发展现状

黑龙江省以"创新、开放、绿色、协调、共享"五大发展理念为引领,遵循"绿水青山就是金山银山、冰天雪地也是金山银山"的发展思路,积极构建现代旅游服务体系新格局,提升产品品质,明确市场定位,创新营销模式,旅游业取得了较大发展成就。

2016年黑龙江省旅游产业GDP占比达10.42%,比上一年提高了1.39个百分点;共接待国内外旅游者14476.1万人次,比上年增长11.3%;实现旅游业总收入1603.3亿元,比上年增长17.8%。其中,接待国内旅游人数14380.4万人次,增长11.3%,实现国内旅游收入1572.9亿元,增长17.6%;接待国际旅游人数95.7万人次,增长14.7%,实现国际旅游外汇收入4.6亿美元,增长15.9%。仅春节黄金周期间,黑龙江省就实现旅游收入107.46亿元,同比增长13.61%;接待游客901.14万人次,同比增长31.18%。"十一"黄金周期间,黑龙江省实现旅游收入28.42亿元,同比增长18.8%;接待游客251.22万人次,同比增长12.19%。夏季来黑龙江省休闲度假的外地老年人达124万人次,同比增长90%。全省机场旅客吞吐量达1894.9万人次,在2015年增长14.3%的基础上,又增长了12.7%,哈尔滨机场旅客吞吐量跃居东北之首;省外手机漫游入省用户达8211.3万户,在2015年增长31.2%的基础上,又增长14.2%;省外银行卡在黑龙江省刷卡交易额达2302亿元,在2015年增长

50.1%的基础上，又增长39.4%。

2016年全省旅游业通过强化营销引入外部需求，促进了旅游、养老、健康、文化、体育等产业融合发展。全年黑龙江省共举办了40多场大型营销推介活动，多轮次专业化推介黑龙江旅游潜力和优势。举办了黑龙江国际马拉松系列赛、松花江赛艇比赛、哈尔滨F1摩托艇赛、山地自行车公开赛、森林穿越、世界单板滑雪锦标赛、速滑世界杯等高水准体育赛事。通过引进圣彼得堡音乐学院优质教育资源创办哈尔滨音乐学院，哈尔滨大剧院、哈尔滨音乐厅举办上百场文艺演出，举办"哈夏"系列艺术活动等，多层次营造哈尔滨"音乐之城"浓厚氛围。旅游景区举办贯穿旅游季的驻场演出，举办各类文化艺术展览。

黑龙江省旅游业呈现出国内旅游市场和入境旅游市场持续高速增长，出境旅游市场回暖，旅游产业不断转型升级，保持了健康、良好、快速的发展态势，旅游业已经成为黑龙江经济发展的新动力、新引擎。2016年黑龙江省旅游业发展呈献以下几方面特点。

一是旅游产品创新升级。黑龙江省是我国冰雪旅游的发源地，享有得天独厚的冰雪资源优势，冰雪旅游始终是黑龙江省旅游的拳头产品。早在20世纪30年代，黑龙江省就作为国家冬季滑雪项目训练基地，建设了一批滑雪、滑冰旅游设施。1985年，哈尔滨举办了第一届冰雪节，正式拉开了黑龙江省冰灯、冰雕、雪雕等冰雪观光旅游的帷幕。2016年黑龙江省将冰雪旅游与相关产业深度整合，不断提高冰雪旅游产品的文化附加值和文化含量，以传统的冰雪休闲观光度假旅游为核心，创新旅游产品开发，发展冰雪体育旅游、冰雪民俗旅游等旅游产品与项目。在冰雪旅游的基础上，不断推出绿色食品、现代农业、体育文化、健康养老等特色旅游产品，其中体育旅游成为最大亮点。黑龙江省少数民族众多，蒙古族、回族、锡伯族、达斡尔族、满族、朝鲜族、鄂温克族、赫哲族、鄂伦春族……众多少数民族风情各异，将冰雪旅游与民俗旅游相结合，使黑龙江省旅游别具特色，实现了冰雪民俗文化品牌的整合。

二是主题旅游异彩纷呈。借助森林、湿地、边境三大核心旅游资源，2016年黑龙江省旅游定位于"避暑胜地畅爽龙江"主打品牌，围绕这一主题，各大旅行社纷纷策划了"重返黑土地，为父母找回青春岁月""花甲背包客""孝亲父母团"等为主题的养老游；"龙江自然学校"为主题的亲子游、自驾游；"首届中国（国际）大学生壮游大会"为主题的大学生自助游；"穿越国境线""寻找东极""探秘北极""骑游乌苏里江""壮游大兴安岭"等为主题的户外游；在一定程度上改变了旅游产品内容单一问题，由低端同质化产品的"价格战"转变为基于细分市场的高端产品"品质战"。

三是旅游交通基础设施发展迅速。黑龙江省现有哈尔滨、齐齐哈尔、牡丹江、大庆、佳木斯、鸡西、伊春、黑河、漠河、加格达奇、抚远等11个机场，"十三五"期间，还将新建五大连池、建三江、绥芬河、亚布力四个机场，争取开工建设鹤岗、虎林、绥化等支线机场。2016年，黑龙江省机场吞吐量达1894.9万人次，同比增长12.7%，跃居全国第5位。黑龙江省地铁一号线、三号线现已全面开工。交通基础设施的建设为旅游业搭建了快速发展的平台。

黑龙江省旅游业存在的问题

虽然2016年黑龙江省旅游业取得了长足发展，但整体来看仍然存在旅游产品开发深度不够、产品同质化仍较普遍、服务水平不高等问题，影响了全省旅游业的进一步发展。

一是旅游深度开发不足。虽然黑龙江省旅游资源丰富、特色鲜明，但旅游产品开发仍然停留在对自然资源粗放式开发的阶段，冰雪旅游、观光旅游一枝独秀，而少数民族风俗游、历史文化游、红色教育游、森林探险游等深度参与性旅游产品开发不足，接待水平不高。特别是县域旅游开发程度较低，旅游设施不完备，难以形成省内长线旅游。由于黑龙江省地处边境地区，从全国各地到黑龙江省旅游的交通费用较高，如果没有内容丰富的旅游产品，则难以吸引长途旅游客。

二是旅游产品同质化仍较普遍。黑龙江省各地区旅游资源十分相似，各地旅游产品重复开发，成本投入小，建设水平低，内容同质化的现象仍较普遍。滑雪场、农家乐、漂流、温泉、水上世界等旅游项目千篇一律，各地旅游景点规模小、活动内容缺乏特色、缺乏高品质旅游产品，尚未形成有较大影响力和较强综合实力的名牌旅游产品，各旅游景点和旅行社只能依靠较低的产品价格赢得竞争优势，产品附加值低，市场竞争激烈，导致旅游资源浪费和恶性竞争。

三是旅游服务水平较低。黑龙江省多数景区接待能力有限，科技含量不高，高档酒店、特色餐厅、娱乐场所等硬件配套设施不完善。旅行社规模小、营销模式落后、营销手段单一、盈利能力差，"挂靠""拼团"、收取"零团费"等不良经营方式还存在，造成了市场秩序混乱。旅游从业人员总体素质不高，导游人员数量不足。旅游市场管理不到位，旅游数据监测、统计滞后，信息沟通不畅。旅游纪念品种类少，包装简单粗糙，还有一定的假冒伪劣产品充斥市场。黑龙江省旅游服务总体水平低，还没有形成现代化旅游服务体系。

黑龙江省旅游业发展对策

《黑龙江省国民经济和社会发展第十三个五年规划》提出，到2020年，力争全省游客总人数达到1.9亿人次，旅游总收入达到2200亿元的发展目标，并提出了旅游进一步发展的具体措施。一要挖掘释放森林、湿地、江河、湖泊、冰雪等旅游资源潜力和经济、生态、文化功能潜力，突出独特性、体验性、精致性和感染力，大力发展生态休闲度假旅游。加快核心景区和旅游基础设施建设，高标准开发旅游产品，针对游客细分市场，设计不同时间长度的旅游线路组合，增强接待能力和对游客的吸引力。创新开发湿地低空飞行、乡村旅游、自驾游等新型业态，打造迷人的哈尔滨之夏、火山湿地、华夏东极、森林深处4条夏季精品旅游线路,塑造夏季"避暑胜地畅爽龙江"品牌形象。以独特的、极具视觉冲击力的冰雪景观为核心,高水准设计、集成展示适合于普通游客、参与性强的冰上、雪上活动,重点打造大美雪乡、鹤舞雪原、北极圣诞、秘境冰湖、冰雪森林5条冬季精品旅游线路,刻画"冰雪之冠黑龙江"冬季旅游品牌形象。二要按照国家级旅游度假区标准,充实完善提升五大连池、汤旺河、镜泊湖、兴凯湖等景区旅游度假功能,使旅游产品发展向观光、休闲、度假并重转变。加快建设亚布力滑雪旅游度假区,推进夏季山地自行车主题公园、水上乐园、森林温泉、高等级雪道等项目建设,把亚布力建成以冰雪和森林旅游为主导,集国际国内运动赛事、观光旅游、度假旅游、避暑养生为一体,专业和非专业结合的世界级滑雪旅游度假目的地。三要创新旅游业发展模式,围绕核心产品,加快发展旅游文化娱乐、驻场演出、特色饮食、特色纪念品等辅助产品组合,提高游客体验参与程度。深入挖掘历史、文化、艺术元素,推动文化、时尚与旅游融合发展。加强黑龙江旅游整体品牌和旅游产品宣传,完善市场营销体系,建立线上线下立体营销平台,深化与全国重要目标客源市场的媒体、旅行社合作,提高黑龙江旅游竞争力和影响力。完善基础设施建设,加快通景区公路、自驾营地等配套设施建设。大力发展中俄边境旅游和出境游,推动黑河、抚远等口岸游轮码头建设。

  黑龙江省第十二次党代会提出2017年全省旅游业发展的具体要求。发展生态旅游,挖掘生态资源和区位优势,发展冰雪游、森林游、边境游、湿地游、避暑游等旅游产业,整合旅游资源,推动文化、体育、时尚、健康养老与旅游融合发展,建设全国一流的生态休闲度假旅游目的地、夏季健康养老基地和全域旅游示范区。加强旅游市场综合监管。发展冰雪经济,发挥冰雪大世界、雪博会、亚布力滑雪、雪乡等品牌优势,优化整合冰雪资源资产,大力发展冰雪旅游、冰雪文化、冰雪体育、冰雪教育,打造全国冰雪旅游首选目的地、冰雪人才培养高地、冰雪装备研发制造和冰雪赛事承办基地,形成新的经济增长极,建设冰雪经济强省。

具体而言,针对黑龙江省旅游业存在的问题,要围绕着建设旅游经济大省的目标,以全面提升黑龙江旅游产业竞争力为核心,遵循"冰天雪地也是金山银山"的建设思路,加强深度旅游资源开发、创新旅游特色产品、提高旅游服务水平。完成产业升级,真正发挥旅游业支柱作用,促进黑龙江经济振兴,实现《"十三五"全国旅游产业发展规划》提出的"努力建成全面小康型旅游大国"的发展目标。

一是深度开发旅游资源。黑龙江省提出"全域旅游"新概念,要做好顶层设计,将区域作为功能完整的旅游目的地进行整体规划,优化配置旅游资源,发挥"旅游+"的引领、带动、融合功能。从时间维度上由"冬夏"两季旅游拓展到"四季"旅游,从空间维度上,由哈尔滨及周边游拓展到各县域旅游。延长旅游产业链、扩大旅游产业面、形成旅游产业群,统筹形成黑龙江省全域旅游新格局。

二是创新旅游特色产品。以休闲度假旅游和专题旅游为增长点,整合黑龙江省旅游资源的优势,打造特色旅游品牌。进行旅游市场细分,针对旅游者不同类型的需求,创新性地开发设计旅游产品。继续发挥冰雪旅游核心拳头产品的带动辐射作用。同时适度开发高端冰雪旅游产品,以满足国际冰雪旅游爱好者的需求,打造国际冰雪旅游胜地、世界冰雪旅游名都、避暑度假旅游天堂。依托黑龙江省独特的气候条件和区位优势,立足于丰富的生态、冰雪、湿地、温泉、都市和乡村度假丰富的资源,培植养生度假、温泉冰雪度假、高尔夫度假、山地度假、都市休闲、乡村度假、邮轮游艇度假等系列度假旅游产品,协同内蒙古旅游发展,打造黑蒙塞外风情旅游精品线路,构建休闲度假旅游产品体系。强化旅游文化要素,充分挖掘龙江剧、渤海靺鞨绣、赫哲族伊玛堪说唱等濒临失传的非物质文化遗产,凸显黑龙江省旅游文化的传承。深度开发工业遗产、北国湿地、界江界湖等特色旅游资源,积极培育新兴旅游品牌。改造升级森林、乡村、湿地等"老字号"绿色旅游产品,开发边境旅游、冰雪旅游、生态旅游等

"原字号"旅游产品,培育壮大医疗养生、健康养老、体育运动等"新字号"旅游产品。

三是提高旅游服务水平。推进交通、建设、环保、工农业、商业、工商等社会部门和行业的企业改革,综合实施旅游交通企业、旅行社、旅游餐饮、住宿等行业的产业治理,从"吃住行游购娱"各旅游环节、各旅游要素全面提升旅游服务水平,打造规范、品质旅游企业群。规范旅游市场管理,将"厕所革命"的经验推广到停车场、餐厅等旅游服务场所治理过程,全面提升旅游公共设施质量,加强旅游政府监督职能,整治旅游欺骗行为。转变旅游管理部门职能,积极发挥政府统筹协调产业发展,整合利用旅游资源,保障公共服务、加强安全应急管理等方面的综合作用。旅游管理部门要积极扶持壮大旅游商品生产经营企业,实现由手工生产向工厂化生产的形式转化,创新特色营销模式,构建旅游商品产销一条龙的产业链。做大做强旅行社,整合优化旅行社资源,探索现代旅游经营模式,培育集团化、网络化、专业化旅游龙头企业,严格审核旅行社开办资格,整饬旅行社业非法经营行为,改变同质化竞争现状。加强旅游人才培养培训,提高旅游从业人员综合素质。加强旅游信息化建设,提高旅游科技、信息含量。

综上所述,黑龙江省旅游产业必须以"五大发展理念"为引领,树立习近平总书记提出的"绿水青山就是金山银山、冰天雪地也是金山银山"的发展思维,"瞄准方向、保持定力、一以贯之、久久为功",破解黑龙江旅游业发展难题,厚植黑龙江独特的资源与区位优势,以提质增效、转型升级为突破口,实现黑龙江省旅游业快速、可持续发展,尽快使旅游业成长为黑龙江省的经济支柱产业。

第三节 创新发展农业金融服务

受经济发展整体水平的制约,黑龙江省农民"脱贫"任务艰巨,

"发展生产脱贫一批"是实现"脱真贫、真脱贫"的重要途径之一。发展产业实现增收脱贫,扶持贫困县因地制宜打造主导产业,发展特色养殖基地,食用菌、蔬菜等绿色有机特色种植业基地,"互联网+农村淘宝网店"等新兴业态,红色游、边境游、民俗游等特色旅游业。鼓励省级以上农民专业合作社规范社、产业化龙头企业和其他经营主体带动贫困户脱贫。鼓励贫困户以扶贫资金入股、土地入股和带地入社等形式参与合作经营。为实现这一系列脱贫计划,撬动农民脱贫致富的杠杆,第一着力点就是通过完成农业金融服务体系,使农民取得脱贫的"第一桶金"。

黑龙江省农业金融服务发展现状

随着全面建成小康社会决胜期的临近,黑龙江省高度重视农业金融服务业,充分发挥金融服务对解决"三农"问题的重要作用,金融部门不断增加资金投入,加快农村金融产品创新,完善金融服务基础设施,全力支持全省现代农业建设。

2016年,黑龙江省省级财政出资2亿元,设立10亿元玉米收购贷款信用保证基金,为粮食收购企业提供融资增信,推动破解玉米销售难题;落实大豆目标价格和玉米生产者补贴政策,补贴资金及时足额兑付到位。拨付中央农业适度规模经营资金21亿元,重点支持省级农业信贷担保公司建设。落实县域金融机构涉农贷款增量奖励和定向费用补贴政策,推动中小金融机构增加"三农"发展资金供给。省级投入补贴8.3亿元,推进农业保险发展,全省种植业、养殖业保险承保规模分别增长8.4%、37.8%。据黑龙江银监局副局长邓新权在银行业例行新闻发布会上透露,截至2016年6月末,黑龙江涉农贷款的余额已经达到了7819.9亿元,占各项贷款比重47.7%,高于全省各项贷款的平均增速7.2个百分点,高于全国涉农贷款平均增速12.5个百分点,有力支持了粮食、农产品加工业、现代畜牧业、农副产品营销等领域。2017年阳光产险成功出具了黑龙江省农业大灾保险第一张保单，承保面积3.7万亩，承担风险保额2479万元。

近年来，黑龙江省农业金融服务保持了健康良好的发展态势。

一是涉农贷款不断增加。黑龙江坚持以发展现代农业支持地方经济持续稳定发展，不断增加涉农贷款，农户贷款和中小企业贷款投放额逐年上升，为全省农业发展提供了资金保障。

二是农村金融服务体系日渐完善。服务网点已覆盖全部县（市）和乡镇，2016年全省农村地区银行业金融机构网点已超过3300个，从业人员达到4.4万人，初步形成竞争充分、服务优良、风险可控的金融服务体系，构建起以农村信用社为核心的，由政策性、合作性、商业性金融机构共同组成的，较为完善的多元化农村金融组织体系。在传统的村镇银行、农村商业银行以外，着重建设农村合作金融公司、农业租赁金融公司等新型金融组织。

三是金融服务方式不断创新，由传统的存贷业务，向担保、信托、债券、基金、股票等业务拓展，创新发展了新型农户联保贷款、土地流转贷款等新兴方式。农民专业合作社资金互助业务通过吸纳社员股金、银行贷款、向其他企业和个人定向借款、财政扶持资金和捐赠资金等渠道融资，调剂社员资金余缺，促进农民专业合作社做大做强做优。创新农村合作金融公司由企业、新型农业经营主体、其他合格投资者依法设立，面向"三农"提供贷款类业务、投资类业务、资本管理类业务等金融服务。创新农业租赁金融公司由租赁、担保、农机、保险等相关行业背景的法人机构、农业产业化龙头企业、政府出资企业等有实力的机构和自然人依法设立，为县域涉农经营主体提供设备租赁、土地信托、信贷服务。

四是大力开发新兴金融产品，不断创新启动了"两权"抵押贷款业务试点，开办了小额保险保证贷款、畜禽活体抵押贷款、大型农机具抵押贷款、林权抵押贷款、粮食预期收益权贷款、粮食质押贷款、农户联保贷款、公务员担保贷款等多个信贷品种相结合的创新型支农信贷产品。自2016年3月15日起，在全省15个农村承包土地的经营权抵押贷款试点县和 3 个农民住房财产权抵押贷款试点县开展将土地承包经营权和住房财产权作为债权的担保试点。截至 2016 年年末，黑龙江省金融机构开办了七大类 20 余项农村金融创新产品，创新贷款余额高达 666.3 亿元。2016 年年末，全省两权抵押贷款余额 149.7 亿元，占全国比重 1/3 以上。全年农村承包土地经营权抵押贷款累计发放 219.5 亿元，累计支持农户 27.1 万户；农民住房财产权抵押贷款累计发放 12.4 亿元，累计支持农户 2 万户。截至 2017 年 3 月末，活体畜禽抵押贷款业务已覆盖 10 个县（区），贷款余额 3.99 亿元，同比增长 29%。

五是农村金融生态环境不断优化。政府不断加强信用管理，现已搭建起以农户、农民专业合作社为主体的信用信息管理系统数据库平台，建立了农业经营主体信用档案，开展"信用乡、信用村、信用户"评定工作。截至 2016 年年底，全省已经有 33 个（占全省 52.4%）市、县建立起了信用信息中心，数据库采集了 113.1 万户农户、7637 个农民专业合作社的信息。创建了 111.2 万户信用户、2324 个信用村、204 个信用乡镇。与"三信"评定相挂钩，针对不同信用等级的农业经营主体实行差别化贷款利率，有利于形成良性循环的信用激励机制。

六是农业金融基础设施建设与业务范围不断完善扩大。加大 ATM 机、POS 机的投放，目前支付工具的覆盖率已普及 100% 的乡、镇、村；加强助农取款服务点建设，提高农村小额取汇款跨行业务比重，已建立起了 16000 个助农取款服务点，服务点同时做好新农保发放、还农贷、涉农补贴发放、粮食收购资金等非现金结算业务。实施"福农通"项目，通过"代付业务"代经纪人收购农户的粮食收购资金，实现了非现金结算。

黑龙江省农业金融服务存在的问题

黑龙江省作为农业大省，农业经济体量大、发展快，对金融服务需求量大。而且，随着农业改革的不断深入，农业现代化的不断推进，需要农业金融服务给予更大的资金与政策支持。在发展过程中，农业金融服务还存在相对滞后的问题。

一是产权贷款抵押改革举步维艰。当前黑龙江省农业抵押担保贷款仍以土地经营权、林权、农民住房财产权、大型农机具类机械设备等传统抵押担保物为主。为了拓宽农业贷款渠道，黑龙江省各金融机构力推产权抵押贷款新型融资方式，以土地承包经营权、集体林权等产权作为抵押为农民办理贷款业务。但由于土地确权过程进展缓慢，产权流转服务体系和农业信贷担保体系不健全，资产登记、评估、抵押、流转平台不完善，产权定价难、抵押变现难、金融法规建设滞后等问题，使产权抵押方式发展受到很大阻力。

二是资金供需矛盾日益突出。黑龙江省农业信贷资金供给远远不能满足需求。全省每年所需农业生产经营资金约为300亿元，农民自筹资金约为85亿元，政府财政部门筹资约30亿元，农村合作机构提供资金约130亿元，尚存约55亿元的资金缺口。随着农业现代化的推进，传统农业生产经营模式向规模化、集约化方向转型，对农业金融支持农业发展有了越来越强的需求。长周期、大规模的贷款需求与金融机构短周期、小额度的传统贷款方式产生了新的矛盾。农业贷款固有的低收益、高风险等因素进一步降低了金融机构的贷款意愿，农业资金供需矛盾日益突出。此外，还存在农村信贷资金流向城镇，农业信贷流向工业的贷款资金外流问题。相较于正规金融机构手续复杂、审批时间长的特点，民间信贷利用方便灵活的优势也抢占了一部分正规金融机构的业务。供需失衡导致"融资难、融资贵"的问题更加突出。

三是农村金融服务体系不健全。贷款利润水平低使得国有银行逐渐撤离农村。当前，农村信用社、农商行、邮储银行、村镇银行、农村资金互助社和小额贷款公司等机构，构成了黑龙江省的农村金融体系主体。合作金融组织机构、省级专项支农金融机构等新型农村金融机构缺位。村镇银行发展缓慢，至 2016 年 2 月，黑龙江省村镇银行仅有 22 家，远远低于全国发展速度，部分商业银行也减少了村镇分支机构，致使村镇金融服务能力弱。从业务类型看，农村金融机构普遍仅局限于存、贷款业务，结算、汇兑等业务较少，融资业务以间接融资为主，农产品期货交易、股权交易等直接债务融资工具涉农业务基本空白。农业产业发展基金、农业 PPP 项目、风投基金、民间资本登记管理中心等新型投融资平台建设发展缓慢。需要进一步健全农村金融服务体系总体布局，深入发展村镇金融机构，促进农村金融整体发展。

四是农业保险发展落后。自古农民"靠天吃饭"，农民是弱势群体。农业发展受自然条件制约，抵抗自然灾害能力弱，农业是弱势产业，对农业保险需求强烈。但是农业风险发生概率高，保险业务成本高、风险大，遭遇重大灾害需要赔付金额巨大，所以保险企业大都不愿将业务扩展到农业领域。由于风险分担补偿机制不健全，农业保险赔付金额低，针对不同程度的减产只能得到部分补偿，降低了农民规避业务风险的能力，也使农业生产缺乏安全保障。金融风险管理不到位，预测和监控体系较为脆弱，无形中加大了农业金融风险。缺乏对于较为活跃的民间贷款的法律约束与政府监管，也加大了农民金融贷款的风险。农业保险市场总体状况是，政策性农业保险覆盖面小，经营主体少、保险品种单一，难以发挥农业的保障作用。

五是农业金融信用基础薄弱。由于银行和企业、顾客之间信息不对称，金融机构较难掌握贷款者贷款条件和资信情况。农民自身信用观念薄弱，缺乏基本金融知识，甚至个别农业主体存在套取国家补助资金、优惠贷款而没有按规定使用的贷用不符问题。金融法律法规不完善，信用管理制度不健全，监管部门执法不力。因此，经常发生农民逃避偿还贷款责任的失信行为，乡镇企业也存在通过破产和重组等方式逃避银行债务的行为。

黑龙江省农业金融服务发展对策

根据2013年《国务院关于黑龙江省"两大平原"现代农业综合配套改革试验总体方案的批复》（国函［2013］70号）文件精神，要求"实施要以转变农业发展方式为主线，以提高农业综合生产能力和农民收入为目标，发挥垦区引领作用，着力在创新农业生产经营体制、建立现代农业产业体系、创新农村金融服务、完善农业社会化服务体系、统筹城乡发展等方面开展改革试验，着力破解制约现代农业发展的体制机制问题和深层次矛盾"。

为落实"两大平原"现代农业综合配套改革试验方案，2014年，黑龙江省政府颁布《创新农村金融服务推进方案》提出，通过实施农村金融改革，在"两大平原"地区率先建立"统一开放、主体多元、竞争有序、风险可控"的现代农村金融市场体系，加快创新符合现代农业需求的金融产品和融资模式，探索现代农业金融风险分担机制，构建推动农村金融发展的政策支持体系，努力将"两大平原"地区建成农村信贷投入稳定增长、现代农业与现代金融协调发展的核心示范区。创新农民专业合作社资金互助业务、农村合作金融公司、农业租赁金融公司试点并形成较为完善的发展模式，深入推进村镇银行创新发展，逐步扩大村镇银行县域覆盖面，四项创新试点分别在两个县（市）开展；农村信用社产权制度改革基本完成，现代商业银行制度基本建立；创新金融产品、创新融资担保方式在全省范围内普遍推广，逐步扩大农村土地承包经营权抵押贷款试点，农村地区融资难、融资贵问题得到有效缓解。

2013年4月3日国务院总理李克强主持召开国务院常务会议，部署开展现代农业综合配套改革试验工作。会议确定，开展现代农业综合配套改革试验的主要任务之一是"创新农村金融服务。建立农业信贷投入稳定增长机制，鼓励引入多元化资金，规范发展多种形式的农村金融组织。完善涉农贷款抵押担保、农业保险等机制。探索加强农村金融监管的有效办法"。

2017年7月14日至15日,全国金融工作会议在北京召开。习近平总书记在会上强调,"金融是国家重要的核心竞争力,金融安全是国家安全的重要组成部分,金融制度是经济社会发展中重要的基础性制度。必须加强党对金融工作的领导,坚持稳中求进工作总基调,遵循金融发展规律,紧紧围绕服务实体经济、防控金融风险、深化金融改革三项任务,创新和完善金融调控,健全现代金融企业制度,完善金融市场体系,推进构建现代金融监管框架,加快转变金融发展方式,健全金融法治,保障国家金融安全,促进经济和金融良性循环、健康发展"。进一步完善黑龙江省农业金融服务体系,要具体做好以下工作。

一是协同健全农村产权融资机制。继续推广"两权"抵押贷款试点,全面普及畜禽活体抵押贷款,建立完善各类农业资产抵押、登记、流转服务平台,扩大土地、房屋、大型农机具等涉农动产、不动产和权益类资产担保范围。"政府搭台,农民唱戏",双方协同推进农村主权融资机制建设。政府制定农村产权抵押担保法律法规,建立抵押物交易市场,产权交易市场,搭建评估交易一体化平台。农民积极开展土地承包经营权的转包、转让,走集约化生产经营之路,形成规模化产权后,开展产权抵押担保贷款,拓宽融资渠道。

二是加大信贷资金供给侧改革。构建政策性金融、商业性金融、合作性金融多层次信贷资金供给体系,扩大信贷金融供给量。引导商业银行提高涉农信贷的资金投入规模,降低农户的贷款权限,同时,防范涉农信贷资金从农村流失到城市、从农业流失到工业。充分发挥农村信用社的主导作用,加强农信社与其他金融机构的合作,完善农村金融服务机构体系。鼓励农业合作社开展内部资金互助,为农民致富提供金融保障。放宽金融市场准入门槛,引导社会资金投入农村金融服务机构建设。不断创新丰富金融服务产品,针对农业合作社、家庭农场、农业大户等各类新型农业经营主体,提供不同个性化信贷金融产品服务，开发信托基金、股票、证券、期货等多元化农业金融产品。

三是完善农业金融服务体系。充分发挥政府的引导作用和金融机构的主体作用，政府从制度层面逐渐放开市场准入机制，适度降低金融机构市场准入门槛，建立金融机构市场安全退出机制，鼓励民间闲散资金投资农业生产。培育多元化新型农村金融机构，通过收购兼并、重组、控股等方式壮大金融龙头企业规模。通过农户入股、利润返还等措施强化农户及合作社间的利益联盟关系，扶持合作社发展。政府积极引导开展"互联网+"金融服务模式，建设电子化金融信息平台，降低产业链融资成本和金融风险，设立银行网点，拓宽农村金融服务机构的融资渠道与支付、结算渠道。着力构建多层次、多功能的农村金融服务新格局。

四是大力发展金融保险。为抵御自然灾害给农业生产带来的经济损失，政府应积极构建科学合理的风险分担机制，完善农业保险制度。加大政策性农业保险支出，扩大保费补偿品类。设立风险补偿基金，完善市场风险补偿、风险防控等功能。金融机构拓展农业保险种类，为农民提供更多可供选择的保险产品，保证农民具有稳定的收入。

五是加强农业金融信用基础建设。进一步加强政府金融监管部门的监管力度，实施中央和地方政府分层管理、银行、证券和保险分业监管的监管体制。政府主导建立良好的金融信用环境，为金融服务机构的涉农信用贷款服务提供安全保障。建立农村信用评级系统，按信誉等级对农户实施不同的信贷优惠政策，对信用等级较高的农户采用实施循环贷款，放宽借贷限制。加大失信惩戒力度，对于恶意违约违信农户列入黑名单，改善不良信用环境，维护社会信用秩序。将金融与生产、流通、采购相结合，降低信用风险，提高金融服务水平。

第四节　完善养老服务业

　　人口老龄化是中国社会发展面临的日益严重的问题，根据联合国制定的标准，60岁以上老年人占人口比例10%以上，或65岁以上老年人占人口比例达7%以上即为老龄社会。黑龙江省2005年就已达到老龄社会标准，2014年黑龙江省60岁以上老人达608.9万人，占人口比例的15.9%，预计2020年60岁以上老龄人口将达19.6%，且存在老龄人口绝对数多、增长速度快、空巢化家庭比例上升等特点，老人面临着无人赡养等问题，在家庭养老功能弱化的前提下，迫切需要建设更多具有规模效应与社会综合效应的专业养老机构。近年来，黑龙江省将保障民生与经济建设相结合，加快养老服务业发展，积极探索养老服务业由"事业"向"产业"转型，初步建起了"多点支撑"的养老服务业发展框架。产生了"旅养结合、医养结合、文化养老、养老+互联网、'三社联动'社区居家养老"5种新业态，形成了"连锁分布、服务外包、渠道分销、集成经营、垂直营销"5种商业模式，开辟了全省养老产业新的领域。

黑龙江省养老服务业发展现状

　　2016年10月18日，黑龙江省召开市场化养老产业暨"养老+互联网"推进会议总结，全省通过采取放开市场准入、吸引社会资本、盘活闲置资产、强化宣传推介等措施，实现了养老产业的体量、质量、含金量"三量"齐升。截至会议召开前，全省已有登记注册的养老机构2265家，可提供养老床位20.45万张，各类养老机构入住老年人15.6万人，养老服务领域吸纳从业人员达到10.5万人。2015年黑龙江省养老产业增加值占GDP比重达到9.9%，比2014年上涨了0.7个百分点。黑龙江省养老产业日益呈现新的业态特征。

　　一是养老机构项目建设不断兴起，整合各地闲置公共资产供给养老机构建设需求。2015年，黑龙江省新建扩建289个社区老年日间照料中心，覆盖社区总数的82%，基本实现了县级公办养老机构全覆盖，2015年，投资9.07亿元新办公办养老机构18个，投资95亿元新建民办养老机构180个，其中亿元以上的招商引资项目达30个，斥资25亿元建设"黑龙江省乐活休闲旅游养老服务中心"。2016年各级财政投入12.72亿元，同时吸引民间投资120亿元以上，各类养老机构可提供21.5万张养老床位，其中民办养老床位占58.8%，医疗卫生机构转型和医养结合床位达到3.2万张。

二是努力打造文化养老、旅居养老，力推"夏季养老在龙江"的品牌。2015年外省市到黑龙江旅养的老年人达65万人，2016年超过100万人，特别是俄罗斯及韩国老人跨境养老热度不断升温；着力打造候鸟式养老品牌，积极整合资源，加强宣传推介，优化旅游服务，现已形成了十余条"旅居养老"品牌线路，建立了由300多家养老机构、旅行社和相关服务组织加盟的"黑龙江天鹅颐养联盟"，2015年共组织接待"候鸟老人"近5万人，黑龙江省民政厅联合老龄办开展了"候鸟老年优质服务季"活动，确保"候鸟老人"享受到优质服务。

三是创新"医养融合"的养老模式。医疗健康产业与养老产业不断融合，截至2015年，黑龙江省30%以上养老机构内设置了医疗机构，50%以上的养老机构与医疗机构签订合作协议，90%以上的社区具备基本卫生服务。依托现有医院资源，重点开发融养老和疗养康复于一体的"医养产品"、"爱心养护康复中心"。

四是养老产业配套支撑体系日益健全。黑龙江省出台"养老+互联网"行动计划，全省统一设置"养老服务云平台"和客户服务子模块，将互联网技术广泛运用在机构养老、社区居家养老、医养结合式养老等方面；实施社区、社工、社会组织"三社联动"，以社区养老服务中心基础设施为依托，以专业运营管理网络平台为抓手，委托养老服务类社会组织和养老服务运营管理公司经营，整合社区居家养老服务企业和家庭服务业经营者,发展社区嵌入式养老服务和专业化社工服务项目,构建了集团化、连锁化发展的小微养老企业联合体。

黑龙江省养老服务业存在的问题

从社会经济发展角度分析,老龄人口增多既为黑龙江省社会服务带来挑战,也提供了发展机遇,从社会营利性养老机构,到休闲养老旅游,健康养老产业也日渐成为重要的社会新兴产业,拉动全省经济增长。在发展过程中,黑龙江省养老服务业存在的下列问题阻碍了进一步发展。

一是养老服务机构供需不平衡。黑龙江省养老机构的发展仍然落后于人口老龄化的增长速度,当前,全省共有养老机构1600家左右,11万张床位仅为全省老年人口的2%,远未达到养老床位数与老龄人口比例为3%—5%的要求,养老床位存在巨大缺口。总体看来,黑龙江省养老供给远远不能满足需求。养老机构的规模和条件存在城乡差异,区域间发展不平衡,农村养老问题更加严重。同时,随着大量农村青年进城务工,农村老人赡养需求更大,养老机构条件与环境建设发展显得更为滞后。而城市主要囿于土地资源限制,养老机构数量不足。此外,老年人在选择养老机构时,出于心理和经济两方面的考虑,更愿意入住公办养老机构,与之相对应,民办养老机构条件较差而收费较高,所以相对入住率低、床位空闲,导致公办与民办养老机构之间发展不平衡。

二是养老服务人员供给不足且素质较低。黑龙江省养老服务人员数量明显不足,全市现在158家养老机构,具有护理资质的不足10%。黑龙江省养老服务从业人员主要来源于下岗女工和外来务工人员,由于养老护理人员工资待遇较低、社会地位不高,难以留住专业人才。大部分养老服务人员缺乏系统的专业技能学习,经过短期护理和专业知识培训就仓促上岗,因此普遍年龄较大、文化水平和专业技能较差、护理经验不足,难以达到老人对周到便利的物质服务需求和高质量的精神服务需求。还有一部分养老服务人员是由志愿服务构成，但此类服务人员不具备专业护理能力，而且不确定性很大，志愿助老活动没有形成制度体系，不能作为稳定的养老服务人员。

三是养老服务内容简单。老年人口除了对生活料理方面帮助的需求以外，还有更高层次的精神陪伴需求。当前，黑龙江省养老机构的服务内容主要集中于对老人的饮食、住宿、护理及就医等方面的服务，精神层面服务相对缺乏，难以满足老人心理医护需求，长此以往可能由于老人情感空缺、内心寂寞等问题，引发老年人意外事故。养老机构普遍采取的做法是加强对老人的"管理"，在一定范围内限制老人的活动空间，以减少意外事故的发生，但这一做法会造成老人与社会的隔离，更加不利于老人的长期心理健康。

四是养老服务体系管理不到位。对居家养老服务和社区养老服务的财政支持不足，民办养老机构投资高收益低，产业发展资金动力不足，社会参与养老产业积极性低。对民办养老机构管理与约束乏力，因此导致民办养老机构经营手续不完善、基础设施不达标、存在较大经营风险隐患等问题。社会闲置公共资源整合不够，向养老机构转型困难。配套政策措施发展滞后，经营审批手续烦琐，医保结算困难影响医养结合的发展。互联网平台利用不好，没有发挥网络营销宣传作用。

黑龙江省养老服务业发展对策

《黑龙江省经济社会发展第十三个五年规划》为养老服务业发展指明了具体方向：健康养老服务业要支持社会办医，明确公立医疗机构的数量、规模和布局，为社会资本举办医疗机构预留发展空间。鼓励发展多样化健康服务，培育壮大健康体检、康复护理、家庭医生服务等业态，基本建立覆盖全生命周期、内涵丰富、结构合理的健康服务业体系。积极发展健康保险，丰富商业健康保险产品。统筹发展养老事业和养老产业。办好公办保障性养老机构，做好特困老年人托底养老服务，提高失能护理床位比例。支持社会力量兴办养老服务机构，扩大社会养老床位总量。加快推进社区居家养老服务，建设一批居家养老服务平台，鼓励个人利用家庭资源就近便开展养老服务。推进"医养结合"，支持闲置医疗资源转型为"医养结合"养老服务机构，促进医疗卫生资源进入养老机构、社区和居民家庭，将养老中的医疗服务项目纳入医保政策报销范围。加强老年服务管理、医疗保健、护理康复等方面专业人才队伍建设，提高职业道德和素质。逐步提高养老床位补贴标准，利用行政事业单位非办公类资产，支持养老产业发展。要创建全国北方夏季健康养老基地，依托生态、医疗和绿色食品等供给保障能力，利用夏季气候优势，发挥政府引导作用和社会力量主体作用，完善养老设施和专项服务，推动健康养老和旅游等产业融合发展，创建全国北方夏季健康养老基地。积极发展"候鸟式"养老等新业态，开发系列集慢性病防治、观光度假、绿色食品配餐为一体的健康养老产品。整合养老、旅游、医疗康复等公共服务资源，壮大夏季养老服务联盟，发展跨省际、跨地区合作经营，建立"候鸟式"养老置换服务合作机制。完善夏季养老宣传推广体系，逐步实现夏季养老宣传促销专业化、市场化。探索建立医疗保险"点对点"省际间异地就医直接结算机制。

针对黑龙江省养老服务业现存问题，要充分发挥自然资源与环境优势，打造健康养老产业，满足社会需求的同时，提升产业整体经济效益，实现到2018年年底"全省养老服务业产值占到全省GDP总值的10%以上，占到第三产业的25%以上"的发展目标，使养老服务业成为第三产业中的支柱性主导产业，培养黑龙江新的经济增长点。

一是完善养老服务体系，健全养老服务保障机制。政府做好政策引领，分层构建养老服务体系。养老产业既关系到基本民生，又关系到产业经济发展，因此要制定切实可行的发展规划，居家、社会、机构合作构建"高端养老产业、事业与产业结合的社会化养老服务、托底养老事业"多层次联动的养老服务体系。增加康复护理、医疗保健、精神慰藉等居家养老服务内容，为居家老人提供更加周到的服务。在居家养老的基础上，整合社区服务资源和设施，支持居家养老服务。加大对养老机构的资金投入，扶持机构养老业发展。实现养老服务市场化、产业化、专业化发展。

二是政府发挥政策供给功能，创新政策、加强管理运营，建设黑龙江省"互联网+养老"综合信息服务网络平台，将互联网技术应用于各类养老服务实践，打造"智慧养老社区"。搭建好养老产业融资平台、畅通结算机制，加强整体品牌整合营销，扶持小型民办养老企业规范化发展。加强财政补贴和政策倾斜，帮扶农村养老机构建设，提升养老机构居住环境和医疗水平，推进城乡养老一体化发展。

三是政府搭台，社会力量唱戏，积极鼓励民办养老机构发展。采取政府补贴等方式，规避产业高投入风险，弥补行业特殊性造成的效益低下。完善相关政策法规，在土地、税务、水电气等方面为民办养老机构提供优惠政策，引导社会力量投资于养老产业。充分鼓励社会力量创办、改造养老机构，建立产业联盟，壮大养老产业规模，打造具有竞争力的特色养老品牌。

四是开发社会机构养老、兴办社区居家养老、推广医养结合式养老、开发候鸟式异地养老、丰富老年养老产品等多元化养老服务产品。加强服务与管理，推动闲置公共资产转型养老机构建设；政府提供资金与政策支持推行社区居家养老；资助发挥医疗机构的专业优势兴办医养结合式养老项目；树立"绿水青山也是金山银山、冰天雪地也是金山银山"的理念，开发"美丽乡村""候鸟式"养老等特色养老系产品。

五是加强养老服务人员素质与技能培养，规范从业人员管理。招聘专业养老服务从业人员，养老机构与职业院校合作办学办班，开设养老护理服务专业和医疗护理、心理咨询等课程，开展系统专业培训，为养老服务业提供充足的人力资源保证。政府加强养老服务从业人员管理，完善资格审查制度，实行从业人员持证上岗，定期对养老服务从业人员进行再教育、再培训。提高行业工资待遇，完善法律对从业人员的保护，积极鼓励、支持、引导更多人才投身于养老事业。